IMPERFECTAMENTE
FELIZ

7 LLAVES PARA ABRAZAR, ACEPTAR Y VALORAR LO QUE REALMENTE ERES

Imperfectamente feliz

7 llaves para abrazar, aceptar y valorar lo que realmente eres

Primera edición: agosto, 2019

D. R. © 2019, Martha Carrillo

D. R. © 2019, derechos de edición mundiales en lengua castellana:
Penguin Random House Grupo Editorial, S. A. de C. V.
Blvd. Miguel de Cervantes Saavedra núm. 301, 1er piso,
colonia Granada, delegación Miguel Hidalgo, C. P. 11520,
Ciudad de México

www.megustaleer.mx

D. R. © 2019, Oscar Ponce, por fotografías de cubierta

ISBN: 978-607-318-158-7

Impreso en México – *Printed in Mexico*

El papel utilizado para la impresión de este libro ha sido fabricado a partir de madera procedente
de bosques y plantaciones gestionadas con los más altos estándares ambientales, garantizando
una explotación de los recursos sostenible con el medio ambiente y beneficiosa para las personas.

Penguin
Random House
Grupo Editorial

MARTHA CARRILLO

IMPERFECTAMENTE
FELIZ

**7 LLAVES PARA ABRAZAR, ACEPTAR
Y VALORAR LO QUE REALMENTE ERES**

VERGARA

A Daniel y Andrea
Gracias por los universos compartidos,
ustedes hacen que la vida sea maravillosa.
Los ultra-mega-infinito.

ÍNDICE

INTRODUCCIÓN

Gran parte de mi vida **no me amé, ni asumí mi poder personal**. Sé lo que es el dolor profundo y sentir el vacío de la desesperanza, sé lo que se siente caer en esas eternas noches oscuras del alma, pero también, hoy sé cómo despertar y salir de ellas. Aprendí que no se trata de evadir la realidad, sino de tener las herramientas para transitarla enfrentando los desafíos que nos tocan vivir, **sacar lo mejor de cada experiencia y reinventarte**. Por fortuna **he ido descubriendo estas herramientas a lo largo de mi camino**, para el día de hoy, poder compartirlas contigo en este libro.

Soy licenciada en comunicación y *coach* de vida. En mi carrera profesional me he desarrollado como periodista y conductora de televisión, y como escritora de telenovelas, series y libros, pero siempre he sentido una fascinación por **descubrir los secretos de esta fábrica cósmica dentro de la cual vivimos** y el mundo psicológico y espiritual del ser humano y por ello he dedicado parte de mi vida a estudiar distintas disciplinas, que me han permitido **entender el juego de la vida**.

Sin duda... me apasiona ir más allá de lo aparente y descubrir los secretos de los lenguajes sagrados. **Me apasiona descubrir distintas formas de pensar**, por ello llegó a mi vida el budismo, el hinduismo y la kabbalah.

Me apasiona recorrer el mundo, porque cada lugar te expande la mirada y te regala **un fragmento de la realidad**.

Estoy convencida de que **no hay manera de romper tus propias limitaciones si no te echas el clavado interno** y te enfrentas con tu propia sombra, si no te asumes en todas tus dimensiones desde el cuerpo físico al espiritual y si no trabajas en encontrar tu verdadera esencia.

Por ello al escribir este libro decidí dividirlo en **tres grandes capítulos**:

El **primero** para **entender nuestra naturaleza** y la capacidad que tenemos de transformarla. En el **segundo** hablaremos de las **7 llaves** que nos permiten convertirnos en una mejor versión de nosotros mismos y en el **tercer** capítulo abordaremos la manera de **dejar huella** en el mundo.

Éste no es un libro sólo para leerlo, también es **un libro para que trabajes en él**, escribas, reflexiones. Yo pongo la semilla, pero **a ti te toca cultivarla**. Yo no puedo hacer tu trabajo interior, pero sí puedo compartir contigo mi conocimiento y lo que a mí me ha servido para despertar y para **conectarme con el amor propio, con mi poder personal** y con el placer de vivir.

Aquí encontrarás **ejercicios, preguntas poderosas y meditaciones**. Date tiempo de irlas haciendo, no aceleres los procesos y si en algún momento necesitas ayuda házmelo saber a través de mis redes sociales. **Goza cada momento**, cada veinte que te caiga, cada creencia que elimines, cada luz que generes, cada paso que des hacia la mejor versión de ti mismo.

Amo escribir y crear mundos de ficción, pero también amo y vivo como mi misión de vida compartir lo que sé y lo que he aprendido, así que con el corazón en la mano te entrego *Imperfectamente feliz*, y que comience esta aventura.

¿Sabías que?

¡Hoy es un buen día para estar orgulloso de ti!

PRIMER CAPÍTULO

Todos estamos en proceso Todos vamos haciéndonos en el camino de la vida

Cuando hoy le preguntas a un niño qué quiere ser de grande seguramente dirá Youtuber, diseñador interactivo de aplicaciones, creador de series para *streaming* o conferencista... pero cuando yo era niña y alguien me preguntaba qué quería ser de grande, sin la menor duda yo contestaba que quería ser: ¡monedita de oro!

Sí, leíste bien. Monedita de oro, y si era un centenario, ¡mejor! La razón: **Para que todos me quisieran**. Aún en esta época el oro sigue siendo de gran valor y nadie rechazaría conscientemente una moneda de este metal.

Si yo deseaba ser monedita de oro era porque mi alma decidió encarnar en el cuerpo de una niña que llegó a una familia en la que le tocaba ser hija "sándwich" y los que son hijos "sándwich" saben lo que esto implica y más cuando te toca ser **la tercera de cuatro hermanos**.

Mi papá tenía la mirada fija en mi hermano el mayor, en quien había puesto todas sus expectativas, como en mi casa no había dinero, mi papá veía en mi hermano un apoyo futuro. Mi mamá y mi hermana eran una misma. Desde que mi hermana nació, mi mamá se identificó con ella y la hizo su consentida. Dos hijos eran más que suficientes en una familia de clase media baja, así que el anuncio de mi futura llegada a la familia no fue tomada con mucha alegría. Mi papá y mi mamá no tenían planes de tener otro hijo y yo venía a ser un chiripazo de la naturaleza que llegaba en un "mal" momento, ya que más allá de la situación económica, mi madre justo dos años antes de que yo naciera tuvo un aborto y esa pérdida fue tan difícil de asimilar para ella, que cuando yo nací estaba muy lejos de haberla superado, así que mis primeros años fueron marcados por cierta soledad, que se acrecentó cuando nació el cuarto hijo, quien de inmediato acaparó la atención de mi madre, que ya para entonces estaba mucho más fuerte emocionalmente.

Así que desde mis primeros años me quedó claro que estaba muy lejos de ser la hija consentida, o la más valiosa ante los ojos de mis padres como lo eran mis hermanos. Motivo por el cual comencé a sentirme perdida en una familia en la que sentía que no pertenecía y por supuesto mi autoestima y mi seguridad empezaron a debilitarse.

Ante esta situación mi inconsciente entró en alerta y dijo: Martha tenemos que hacer algo, no podemos vivir sin la mirada de tus padres y sin su amor, tenemos que hacer un plan para sobrevivir porque si no acabarás muy mal. Así que "nos pusimos" a observar e investigar cuáles eran las debilidades de mis hermanos, en dónde estaba esa área de oportunidad que me permitiría "existir" en la familia. Y ¡PUM! Dimos con ella.

Mis hermanos no se portaban bien, ni eran buenos alumnos en la escuela, así que ahí estaba mi posibilidad de oro, mi oportunidad para sobresalir en el clan familiar y me convertí en **la niña de diez**.

Siempre perfecta, siempre sonriente, siempre arregladita, siempre obediente, siempre bien hecha. No había día más perfecto para mí que cuando iniciaba las clases y estrenaba un cuaderno. A la fecha cada vez que compro un cuaderno y lo estreno tengo una **emoción especial**. Me encantaba ser la consentida del profesor, obvio ¿no?, aunque esto a veces me trajera la envidia de mis compañeros. Aun en la adolescencia me porté bien, no fumaba, no tomaba y jamás me metí nada, me fui de pinta sólo dos veces en mi vida y me sentía increíble cada vez que llegaba con mi boleta de calificaciones llena de dieces. ¡Ah!, porque déjame presumirte: saque diez de promedio en la primaria, diez de promedio en la secundaria, diez de promedio en la preparatoria y 9.86 de promedio en la universidad en donde me recibí como mejor promedio de mi generación y mención honorífica.

Y seguro en este momento dirás: ¡wow!, ovación de pie... o dirás ¡qué *nerd*!, ¡qué flojera! El caso es que hay una parte de todo esto que me hace sentir muy orgullosa porque todavía sigo estudiando todo lo que se me pone enfrente y llama mi atención. Mi gusto por aprender despertó en mí una **curiosidad por el conocimiento** difícil de frenar, pero hay otra parte, una que duele, que lastima, que está implícita en esta manera de actuar y es que desde que era una niña aprendí que

Amor era cumplir con las expectativas de los demás.
Amor era no pensar en mí, sino en los otros.
Amor era ser perfecta como los dieces que yo sacaba.

Aprendí a siempre decir que "sí", el "no" no existía en mi vocabulario y por tanto no sabía cómo poner límites claros a los demás. Así que con tal de agradar, **cualquiera vulneraba mis fronteras** y yo en lugar de exigir que se respetaran, simplemente sonreía.

Aprendí que las niñas buenas no se enojan. Actualmente tengo que estarme cachando cuando algo me provoca **enojo** para poder habitar el sentimiento, procesarlo y liberarlo, y que no se quede atorado cobrándome una factura en el cuerpo que se manifieste más adelante. Es más, cuando me enojo y puedo ver de frente la emoción, tengo una amiga a la que le hablo y le digo: ¡qué crees, estoy feliz, me enojé! Porque, incluso en mi presente, ese sentimiento sigue siendo relativamente "nuevo" para mí, ya que el enojo no estaba permitido por mi inconsciente, si lo expresaba era demasiado el riesgo que corría de dejar de ser querida y perder el terreno que había ganado con la gente que me rodeaba.

Aprendí que cuando alguien me agredía era mejor **congelarme**. Yo me paralizaba y no mostraba mi dolor ante una injusticia, porque las emociones "negativas" no tenían cabida en una niña de diez.

Aprendí también a adaptarme, además soy piscis y éste es un signo cuyo elemento es el agua. Y el agua toma la forma de aquello que la contiene, se amolda a una taza, a un vaso, a una alberca, a un lago, a un río, a un mar.

Aprendí a agarrar mi corazón y a ofrecerlo a quien lo quisiera, aunque no lo mereciera. Claro que cuando ese alguien se iba, en mí quedaba un hoyo cada vez más grande. Era la clásica de mátame, pégame, déjame en visto, bloquéame, bájame de tus redes, pero no me dejes.

Aprendí que el amor venía de afuera y que había que perseguirlo y por mucho tiempo me conforme con lo que recibía porque más valía algo que nada.

Claro que cuando terminé la universidad ya no me podían poner dieces, ni modo que cada vez que yo estaba con alguien al finalizar el encuentro le dijera: ¿y hoy qué calificación me pones? Era imposible.

Así que en busca del amor y de la aceptación de los que me rodeaban, yo empecé a ajustarme a todos los demás, a vivir en función de lo que el otro necesitara y yo simplemente me acoplaba al otro y a su mundo.

Pero lo que nadie sabía es que yo tenía un mundo paralelo al real, un mundo de fantasía en el que yo creaba mis universos y ahí todo era perfecto, ahí todos me amaban, me aceptaban, me querían. Yo era la más linda, pero también los otros eran los más lindos conmigo y me amaban de manera incondicional. Así al final de cada día esa pequeña Martha guardaba su herida y era perfectamente feliz en su mundo perfecto.

Pero en el mundo real las cosas no funcionaban así y yo era la mujer de diez, muy perfecta... muy perfecta, pero dentro de mí había dolor, tristeza, sufrimiento, en pocas palabras era perfectamente infeliz.

En nuestra necesidad por conseguir el amor, hacemos mil y un cosas para obtenerlo y yo me fui a la perfección, pero hay quienes deciden tomar otros caminos como el papel de víctima, el control, la manipulación, la evasión, maquillar la realidad, chantajear, dominar, enfermar el cuerpo, entre otros. Aunque siendo sincera, en ocasiones también he caído en algunos de estos patrones de conducta que sólo me han llevado a drenar mi propia energía y amor propio.

Nuestro mecanismo para obtener amor es lo que nos hace vulnerables, es nuestro punto débil, es en donde nos sentimos limitados, como si estuviéramos metidos en una caja oscura en donde no nos podemos mover, en donde es tanto el vacío que sentimos que preferimos llenarlo con lo que sea con tal de sentir alivio. Nuestro mecanismo para obtener amor nos domina como si fuese un enemigo oculto que está agazapado esperando actuar ante el menor estímulo, ya que habita en la parte de la mente que no vemos, en el inconsciente. Nuestro mecanismo para obtener amor nos lleva a actuar sin darnos cuenta en un sin fin de conductas repetitivas que sólo nos conducen al miedo.

Cuando no te amas a ti mismo,
te desconectas de tu poder interior
y del placer de vivir.

Pero te tengo una buena noticia.

Cuando tú ves, se hace el milagro.

¿Qué milagro? **El de la transformación**. Al hacer consciente nuestro mecanismo para obtener amor, al poder verlo y reconocerlo, comienza una especie de liberación, las cosas empiezan a cambiar a nivel de causa y el dolor inmenso, la frustración, la culpa, la tristeza comienzan a perder fuerza. Entramos así en el camino del alquimista, en el camino de la **transformación interior.**

Cuando logras ver cuál es tu limitante,
tu mecanismo para amar, puedes cambiarlo.

Me llevó muchos años darme cuenta de que podía convertirme en maga, en la alquimista de mi propia vida y que tenía el poder de transformar mi interior y con ello dejar de sufrir. En mi caso por querer ser perfecta y amada por todos, lo cual era imposible, pasé por momentos muy complejos de gran soledad, con sentimientos de abandono profundos y al exterior yo sonreía, pero en mi intimidad, entre las cuatro paredes de mi habitación, **el fantasma del desamor vivía conmigo**. Pero la vida es sabia y puso experiencias en mi vida que me hicieron despertar, algunas muy dolorosas y otras de expansión de la consciencia que me llevaron poco a poco a perder el interés por ser "monedita de oro". Empecé a cambiar desde lo más profundo de mi ser, empecé a reconocer y a validar mis limitaciones, mis dolores, mis mecanismos... y a darme cuenta:

Cuántas veces la había regado en la vida
por tratar de ser perfecta.
Cuántas veces había perdido una relación,
una amistad y un amor por ser la niña buena.
Cuántas veces había dejado de gozar la vida
por querer ser monedita de oro.

La verdad hubiera sido hermoso que me hubieran enseñado desde niña que **el amor era aceptación, seguridad y respeto** y ya sé que me vas a decir que el hubiera no existe, pero sí existe cuando lo usas de referencia. Cuando dices eso que me hubiera gustado que hubiera sido distinto en el pasado, si ya no lo fue y no puedo cambiarlo, ahora que sé cómo me hubiera gustado que fuera, lo puedo cambiar en el presente, porque es en el presente en donde se siembran las semillas que se cosecharán en el futuro. Y justo ahí radica nuestra gran responsabilidad y una gran oportunidad de generar resultados diferentes:

¿Qué semillas estás poniendo hoy en tu vida?,
éstas serán los frutos que vas a cosechar en el futuro.

¿No es esto maravilloso? Si actuamos en consciencia podemos **modificar nuestro futuro**. Si seguimos repitiendo el patrón de conducta, recorriendo el mismo camino obtendremos el mismo resultado, pero en nosotros radica la capacidad de crear un mundo nuevo interno y externo.

Porque te tengo **varias malas y una buena noticia**:

• La mala es que nadie nos enseñó a ser **nuestra propia fuente de amor**, son muy pocos los que lo lograron, casi todos tenemos esta carencia, esta herida primaria marcada por diferentes experiencias vividas en la infancia.

• La mala es que no existe un botón en el corazón en donde al apretarlo comencemos a amarnos de inmediato y se borren las **heridas emocionales**.

• La mala es que no sirve de nada sumarnos al **club de los optimistas**, agarrarnos de las manos y gritar con todos "nos amamos".

• La mala es que tampoco sirve llenar una hoja en blanco escribiendo "yo me amo", "**yo me amo**", "yo me amo".

• La mala es que la tan anhelada **perfección humana** no existe.

Pero... la buena, es muy **buena**:

• El **AMOR** es una **ENERGÍA VIVA** que se puede generar, porque el amor se **TRABAJA**.

¿Y cómo se trabaja?

• Subiendo nuestra **FRECUENCIA**.

¿Y cómo se sube la frecuencia?

• Cada vez que te cae un veinte y cachas en que parte de tu vida no te estás amando ni aceptando tus imperfecciones y decides hacer un cambio, surge el **MILAGRO**.

¿Cuál milagro?

• El de poder tomar tu vida en tus manos, aprender a amarte tal y como eres y REESCRIBIR TU HISTORIA, dándole un nuevo significado a todo lo vivido, para así, convertirte en tu propio alquimista y por tanto en **la mejor versión de ti mismo**.

El que mira afuera sueña...
el que mira adentro despierta.
Jung

De niña jamás imaginé que iba a ser escritora, pero la vida tiene su propia magia y toma decisiones que no dependen de nosotros. Y aún con algunos obstáculos en el camino las **puertas de la escritura** se fueron abriendo para mí. Desconocía que mi mente pudiera crear personajes, historias, pero al irles dando vida me di cuenta de que la realidad era muy similar a los **mundos de ficción**.

Yo había escuchado a otros autores decir que cuando estabas creando una historia llegaba un punto en el que los personajes tomaban vida propia y no te dejaban hacer lo que tú querías, como su creador, pero no pude entenderlo realmente, sino hasta que me sucedió a mí. Hay un punto en la escritura en la que el personaje tiene tan bien definida su personalidad que, por más que tú quieras llevarlo por un camino, él no te deja, por ejemplo, si yo por capricho quería que se enamorara de alguien, él me decía: "pero si no es mi tipo de mujer, ¡olvídalo!", o si por la trama yo quería que robara, me decía: "¡Ey, no! **Mis valores son otros**, ¿te volviste loca o qué?".

Por eso hay ocasiones en que al ver una película, serie o leer un libro de repente caes en cuenta de que un personaje se traicionó, algo no te hace clic y tiene que ver con que no está siendo congruente con su esencia, y tú como observador puedes darte cuenta de que el personaje fue **víctima del determinismo del escritor** que lo creó.

Lo mismo nos pasa como seres humanos, en nosotros existe la posibilidad de ver nuestras incongruencias y a partir de ellas, reescribir nuestra propia historia y decidir si queremos vivirla por diseño o por *default*, siendo causa o efecto. Al igual que un escritor opta por el camino que tomarán sus personajes, nosotros tenemos la capacidad de **elegir nuestra propia ruta** y escribir el personaje más importante de nuestra vida: el nuestro.

Y no importa qué edad tengamos, 20 o 60 años, 30 o 50, siempre estamos en el momento perfecto para iniciar un cambio, para **vivir una transformación** y con ello gozar de una vida más sana y de mayor calidad y para lograrlo hay un principio básico: la AUTOOBSERVACIÓN.

Aprender a autoobservarnos es un regalo de la vida. Tendemos a identificarnos con nuestras emociones, con nuestros pensamientos y con nuestras acciones, pero **somos mucho más que nuestras emociones, pensamiento y acciones**. No es lo mismo sentirme un día iracundo a ser iracundo, no es lo mismo cometer un día una estupidez a ser un estúpido.

Tenemos la maravillosa capacidad, al observarnos, de poder darnos cuenta de **qué estamos pensado, sintiendo y haciendo**, y esto es un don que nos permite crecer, despertar, evolucionar.

Una manera de entender esta capacidad innata que tenemos es percibiendo nuestro entorno mientras continuamos con lo que estamos haciendo, si en este momento decidieras observarte sin interrumpir la lectura, ¿qué me dirías? Yo, por ejemplo, estoy escribiendo estas palabras y al estar consciente de mí, puedo seguir escribiendo, pero al mismo tiempo darme cuenta de que me siento serena, tranquila, que el sol está pegando en mi espalda a través de una ventana, que las teclas de la computadora se sienten suaves, que tengo un poco de hambre, que mi perro acaba de voltear a verme y sentí su amor. Y todo eso pasa mientras yo sigo escribiendo. En otras ocasiones me pongo a escribir y me meto tanto en el texto que **no me doy cuenta de lo que me rodea**. Pero la capacidad de autoobservarme siempre está presente.

Esta capacidad nos permite cacharnos en las cosas que hacemos de manera automática, como cuando nos bañamos, manejamos, cocinamos. Ya no pensamos qué secuencia debemos seguir, cuál es el siguiente paso, lo hacemos de manera instintiva porque **nuestro cerebro aprendió a recibir ciertas órdenes y a ejecutarlas sin** cuestionarlas. Y esto ocurre también en el terreno de los pensamientos, de las emociones y de las acciones vivimos en gran parte sin estar conscientes de ellos.

Yo no sabía que en busca de la perfección mis pensamientos me castigaban constantemente, que mis emociones me drenaban y me tenían reaccionando como autómata metida en un círculo sin salida. Y así pase muchos años de mi vida hasta que comencé a verme, a conocerme, a despertar porque cuando **"vemos, surge el milagro"**... y el milagro surgió en mí.

NUESTRA ESENCIA

Pero bueno vayamos por partes...

Nosotros somos un ser espiritual que habita un cuerpo físico. Dentro de nosotros existe un ser conectado a la energía divina, a la Luz, al Todo y así como una gota de mar es el mar, nosotros también tenemos en nuestro ser todo el potencial de la perfección que tiene la Luz, y no hablo de la perfección que yo buscaba como niña de diez, la perfección externa y trivial que ansía el amor fuera de sí, sino a la perfección de la Luz que incluye todas las posibilidades y el amor infinito. Y cuando hablo de la Luz, del Todo no me refiero a ningún Dios que pertenezca a una religión, sino al principio divino, a la consciencia cósmica que dio origen a todo lo creado.

Y seguro me preguntarás: Si esto es verdad, ¿por qué entonces no somos 100% como la Luz? ¿Por qué no somos amor infinito? ¿Por qué no somos perfectos como lo es la Energía divina? Porque somos parte de un mundo que pertenece a la tercera dimensión. Nuestra alma decidió encarnar en este planeta en el que existe la dualidad. Hay blanco y negro, día y noche, bueno y malo, luz y oscuridad. Y esta dualidad existe en el mundo exterior, pero también se manifiesta dentro de nosotros.

Tenemos una parte luminosa y una parte de sombra que debemos conquistar para crear más luz en nuestro interior.

Entre más capaces seamos de irle ganando terreno a nuestra sombra más fortaleceremos nuestro poder interior, de tal manera que nos conectaremos con emociones de alta vibración que nos conducirán al bienestar.

En **nuestra luz** encontramos el amor, la felicidad, la bondad, la compasión, la empatía, la alegría, la creatividad, la generosidad, el agradecimiento y lo cierto es que con estas virtudes nos es muy fácil relacionarnos y sentirnos orgullosos de tenerlas, pero ¿qué sucede con las emociones que provienen de la sombra? Como la tristeza, la envidia, el enojo, el coraje, la **culpa**, la **desilusión**, la frustración, el **odio**, el deseo de **venganza**, por mencionar tan sólo algunas. Éstas no queremos verlas, nos cuesta mucho trabajo reconocer que también nos habitan. Y no nos damos cuenta de que al negar o reprimir las emociones de baja vibración **nuestra sombra cobra más fuerza**, le damos más poder, y ésta termina por tomar control de quiénes somos.

Al no estar conscientes de nuestra naturaleza dual, en muchos momentos de nuestra vida nos sentimos **presos de estas emociones de baja frecuencia** y actuamos controlados por ellas afectando nuestras relaciones y todo nuestro entorno. Tenemos la impresión de que ese es nuestro estado de ánimo permanente, que no hay manera de salir de una tristeza profunda, de la ira, de la envidia, que "así somos y que no hay forma de cambiar. Pero esto no es así, **el cambio es posible**. De ahí la importancia de vernos, de aprender a amarnos y de **hacer magia en nuestro interior**".

Sí, ya sé que me vas a decir que hay personas cuya maldad pareciera ganar y es verdad, pero aún el más malo del planeta, no es 100% malo y por algo o alguien sentirá amor, a menos de que esté desconectado de la realidad por una enfermedad mental. Es más, date cuenta de que en las películas, series o libros los villanos de las historias siempre tienen un punto vulnerable por el que son descubiertos o atrapados por la policía y generalmente es por su mundo de afectos. Tampoco existe el 100% bueno a menos que ya se haya iluminado y sea un santo o *tzadik*, pero, en el mundo terrenal, **todos tenemos una sombra por conquistar**, que no nos guste aceptarla es distinto.

Cada quien viene a esta vida a aprender, a evolucionar, a crear mayor consciencia y a cada quien le toma su tiempo recorrer las experiencias y enfrentar los distintos desafíos que lo llevarán a lograrlo. Porque **todos, absolutamente todos estamos en proceso**.

Cuando vemos a alguien que ante nuestros ojos es exitoso, muchas veces creemos que la vida le ha sido fácil, que las cosas han llegado sin mayor esfuerzo, pero lo cierto es que **todos nos vamos haciendo en el camino de la vida**.

De ahí que sea importante saber cómo actuamos y cuáles son nuestros mecanismos que aprendimos para obtener amor, porque mientras más conscientes estemos, mientras más nos conozcamos y **sintonicemos** con la vibración de Luz, más felices y **en paz estaremos**.

Y no estoy hablando de la felicidad como un cliché, la vida a veces apesta, en algunas ocasiones las situaciones que nos pone en frente son muy difíciles de transitar, a veces está de la fregada lo que nos toca vivir, pero de cómo aprendamos a vivir estos momentos, **del estado mental** que logremos crear **dependerá nuestra calidad de vida**.

¿Sabías que?

Ante una experiencia, por ejemplo, una **agresión** recibida por tu pareja, el pleito con tu socio, el impacto de quedarte sin trabajo, la emoción de coraje, ira, tristeza, enojo, etcétera, que te provocó esa situación dispara en tu cuerpo una serie de químicos que duran aproximadamente 90 segundos. Si leíste bien, ¡**sólo 90 segundos**! En estos 90 segundos la emoción está expandida, llena toda tu atención, está a todo lo que da, pero después los químicos comienzan a encontrar de nuevo su balance. Te imaginas si al sentir el impacto emocional, te dejaras sentirlo al máximo por tan sólo 90 largos segundos y luego al segundo 91 respiraras profundo y comenzaras a dejarlo ir. Para una vez retomado tu centro emocional decidieras con la cabeza fría tomar un camino sobre el hecho en cuestión.

¡Wow! Suena increíble que tuviéramos desarrollada la capacidad de liberar nuestras emociones de manera sana, pero la realidad es que no es así como actuamos. Generalmente, nos dejamos ir como hilo de media, como tequila en desamor, y no hay quien nos pare con la emoción. Explotamos, hacemos drama, peleamos. **Dejamos crecer y crecer la emoción** como una bola de nieve y no sólo lo hacemos en los minutos u horas siguientes, sino que adiestramos a nuestra mente a revivir constantemente la experiencia con lujo de detalle y con ello volvemos a vivir la sensación de manera idéntica a la primera vez activando de nuevo los mismos químicos del cuerpo que impactaron todas nuestras células.

No estamos conscientes de una condición que tiene nuestro cerebro. Se ha demostrado que **el cerebro no distingue entre realidad e imaginación**. Que en un laboratorio conectado a distintas terminales electromagnéticas, éstas se encienden en la misma área del cerebro cuando está teniendo la experiencia en tiempo real a cuando una persona repite la misma experiencia de manera vivida en la imaginación. Así que por ello **cada vez que revivimos en la mente la escena del pleito, la desilusión o el engaño volvemos a sentir la misma intensidad emocional** que manifestamos la primera vez. De tal forma que podemos vivir enojados, tristes, deprimidos por días, semanas o hasta años. ¿Conoces a alguien que guarda un coraje u odio por años? **¿Tienes alguna emoción atorada que te quita la paz?**

De ahí que muchas personas terminen con **úlceras**, gastritis, sin poder dormir, con angustias incontrolables tiempo después de un encuentro que alteró sus emociones, porque al estarla recreando en su mente han detonado la misma emoción un sin número de veces. **Así de poderosa es nuestra mente**, recuerda esto.

Éste es un condicionamiento que nos resulta difícil romper, lo hemos ido aprendiendo desde el día uno de nuestra existencia y surge en nosotros de manera automática. El otro día una de mis compañeras de yoga llegó muy triste porque descubrió que su marido era infiel y estaba en pleno dolor, había quien le decía que se fuera a la clase de baile para conectarse con un poco de alegría, sin embargo, ella dijo que prefería yoga, así que me fue fácil observarla. **Yoga** requiere que estés **centrado en el presente**, a través de la respiración y las posiciones te centras **en el aquí y en el ahora**. En cuanto ella entró a la clase y empezó a hacer las posturas que nuestra maestra nos indicaba, su rostro se relajó y la tristeza se evaporó. Estaba tan en el momento que la emoción no se apoderó de ella, pero en cuanto terminó la clase, fue obvio como su rostro cambió y en lo que enrollaba su tapete comenzó a llorar de nuevo. ¿Por qué durante la clase no lloró? Porque se salió del pensamiento y la emoción, pero en cuanto recreó el suceso en su mente la emoción volvió a dominarla. **No estamos entrenados para darnos cuenta de esto ni para vivir constantemente en el presente**, que es tan poderoso, así que tenemos que ser compasivos con nosotros, no juzgarnos ante estas situaciones porque en la realidad nos es difícil salir de este condicionamiento que hemos practicado todos los días de nuestra vida, así que como dicen: "Baby steps", pasos de bebé, **vámonos poco a poco en esto de cacharnos y aprender a redireccionar nuestras emociones porque éstas impactan nuestra conducta**, cambian nuestra vibración y nuestro modo de estar.

Date cuenta de que nuestra memoria está basada en nuestras emociones, no en los hechos tal y cual ocurrieron. Nuestra memoria selecciona y guarda sobre todo aquellas experiencias que nos hicieron sentir. Si la situación no te movió algo en tu interior, si no dejó huella emocional, es muy factible que al poco tiempo olvides el evento, pero aquella experiencia que hizo mella en tus **emociones de alta o baja vibración** es muy difícil que la olvides. De ahí que se diga que una persona es difícil de olvidar cuando te provoca una sensación o experiencia emocional. Éstas se vuelven inolvidables. Si una vivencia te impactó en forma negativa puede llegar a afectar tu cuerpo, llevarte a caer en la **repetición de un patrón obsesivo y afectar tu autoestima**. Mientras que si una experiencia dejó huella de manera positiva provocará buena energía física y creará patrones que te lleven a **elevar el amor propio y la alegría**.

EL EGO

Como todo en este mundo dual, existe un ego positivo y uno negativo. El ego positivo es la **consciencia** que tenemos de nosotros mismos, de nuestra propia identidad, pero aquí del que nos interesa hablar es del ego negativo porque es el que nos representa un **desafío a conquistar**, ya que él es el dueño de la sombra y lo que quiere es separarnos, desconectarnos de nuestra luz, de nuestro amor propio y con ello llevarnos a la **desconexión de nosotros mismos**.

Si te describiera al ego como un personaje en una historia sería el villano, ése ser que con tal de perpetuarse en el control y el poder hace lo que sea necesario para mantener a los demás presos y sumidos en el miedo. Es ése que usa la frase: "Mi poder radica en la debilidad del otro". Su manera de actuar es muy similar a cuando construyes la psicología de un villano. ¿En qué aspecto? En que **el verdadero villano no muestra su maldad**, no sale en una película diciendo: "¡Ey!, yo soy el malo, cuídate de mí". O la bruja del cuento dice: "Voy a envenenar una manzana y luego te la voy a dar". Al contrario, al verdadero villano en una historia no lo ves venir, es tan seductor, tan amable, tan lindo, te vende tantas fantasías que es fácil caer en sus redes, hasta que llega el personaje encarnado por el bien, le quita la máscara, lo deja al descubierto y con eso pierde su fuerza. Justo así es la manera de actuar del ego, todos lo tenemos dentro de nosotros y nos dejamos seducir por sus cantos de sirena, caemos en su trampa y nos convertimos en un habitante de su reino de la sombra, en donde el aire que respiramos está lleno de miedo, tristeza, ira, victimización, prepotencia, enojo, frustración y demás emociones de baja vibración **hasta que un día aparece la consciencia iluminando nuestra sombra y con ello debilitando al ego**.

El ego es nuestra **parte reactiva**, son todas esas creencias limitantes que tiene como base el miedo. Queda claro que hay miedos que nos llevan a la sobrevivencia, que cuando existe un peligro real nos pone alerta y nos hace correr para salir bien librados de una amenaza concreta, pero el miedo que sustenta el ego tiene que ver con la sensación de angustia provocada por la presencia de un peligro imaginario. Ese miedo que te lleva a

crear una película de terror completa en tu vida. Por ejemplo, esa sensación de miedo que nace en ti cuando despiden de tu empresa a un colega y en ese mismo instante tu cabeza comienza a volar a tal velocidad, ya te viste en la calle, con tu maleta como un niño desamparado que tiene hambre y esa angustia generada por tu imaginación comienza a crecer de tal forma que te vuelves tan improductivo que ya no puedes dar resultados como antes y en el peor de los casos terminan despidiéndote cumpliendo la profecía autoimpuesta. O como me pasó a mí, ante los cambios que estaba viviendo en mi lugar de trabajo. **Entré en tal miedo que llegué a pensar que la escasez de dinero iba a ser tal que no iba a tener dinero ni para comprarle las galletas que tanto les gustan a mis perros** que amo con total locura. Proyecté en mis perros "toda" mi realidad. Entré en tal situación de angustia que no podía ver mi situación "futura", pero sí la de mis perros. **Dejé que mi ego encarnado en miedo me llevara a caer en una espiral emocional difícil de parar**, porque de las galletas de mis perros me vi dudando de mi talento, de quién era yo y comencé a sentirme con un estrés tal que me era difícil dormir o realizar cualquier actividad y terminé enfermándome con un dolor inmenso en la boca del estómago que me tumbó una semana en cama.

Obviamente había un cambio en la realidad, **mi lugar de trabajo estaba transformándose, pero meterme en esta turbulencia mental imaginando mil escenarios terroríficos posibles sólo me alejaba de encontrar verdaderas posibilidades de acción y** me paralicé. Me dejé dominar por el miedo y ahí estaba yo bien instalada en la víctima, sintiéndo que la vida no era justa, que ojalá apareciera alguien que viniera a rescatarme.

El miedo ya no me dejaba pensar, tomaba decisiones en forma errática, un día decía una cosa, y al siguiente otra, así que decidí ser compasiva con mi proceso, respirar profundo y **apapachar la sensación de incomodidad profunda** que estaba sintiendo. Estando en este lugar interno fui a ver a mi maestro espiritual, quien con sabias palabras me dijo:

—El primer paso ya lo diste, te autoobservaste y en este momento pudiste identificar **las emociones que te estaban drenando** y que no te daban paz. Ahora viene el segundo paso: Y es decidir...

—¿Decidir qué? Le pregunté.

A lo que de forma serena me contestó: Decidir **si sigues alimentando el hoyo negro de la negatividad** y la sombra o te elevas por encima del desafío y subes tu vibración al conectar con la luz.

Debo confesar que sentí una cachetada energética. Yo ya tenía este conocimiento, sabía que **dependía de mí cómo vivir mi vida**, el hecho estaba ahí y no lo podía cambiar, pero **sí la forma de vivirlo y enfrentarlo**. Sin embargo, aún así mi condicionamiento, mi reactividad, me llevó a caer en la sombra y ahí estaba reaccionando yo desde la víctima, desde el "pobre de mí". **Mi ego me estaba haciendo una jugada muy dura y yo había caído en ella**.

Así que respiré profundo y cuando pude ver la situación frente a mí surgió el milagro y logré desarticular ese pensamiento y salirme de ese abismo emocional descendente.

El proceso se vive, se transita... no se evade.

Comencé a buscar opciones de acción y justo en ese momento me certifiqué como *coach* de vida y surgió mi carrera como conferencista. Me convertí en *speaker*, algo que siempre había deseado ser. Pero no fue hasta que me salí del miedo y pude ver a mi oponente, como le llaman los kabbalistas al ego; que pude comenzar a tomar acciones distintas. Como en las películas hasta que vi al "villano" de frente, éste perdió fuerza.

"El ego es nuestro gran oponente".

Claro que en este caso sólo le gané una batalla, no la guerra, porque el ego tiene distintas maneras de manifestarse y ésta es una lucha diaria, hay que estarse cachando todo el tiempo. Recuerda que se esconde y que nos lleva a **separarnos de la voz de nuestra alma**, que además nos lleva al alejamiento de nuestra esencia divina para, en el menor descuido, meternos presos de la tristeza, la envidia, el juicio, la crítica, el enojo, etcétera.

Así que no hay que confiarse:

Convierte el miedo en desafío
y el problema en una oportunidad de crecimiento
y evolución.

Estas **emociones de baja frecuencia** nos asustan tanto, que tratamos de salir huyendo de ellas en cuanto nos damos cuenta de que las tenemos, y preferimos evadirlas, no verlas. Nos resulta prácticamente imposible reconocerlas de forma abierta porque nos causa **culpa y pena** sentirlas.

¿Has visto nuestra reacción cuando alguien nos dice?:

—"¡Eso que estás sintiendo es **envidia**"!

Casi de inmediato respondemos: "¿Yo? No inventes. Olvídalo, yo no tengo envidia".

Lo negamos de inmediato, nos causa una profunda incomodidad descubrir que en ocasiones **deseamos la vida, los logros, las relaciones que otro tiene**. Por definicion: "Envidia es el sentimiento de enojo o tristeza que experimenta una persona que no tiene o desearía tener para sí sola algo que otra posee". Esto a nivel racional es fuerte de aceptar.

Cómo crees, si yo soy una "buena" persona.

Cómo, si yo soy perfecto, ¡sentir envidia!

¡Jamás!

Reconocerlo públicamente podría incluso ocasionar que otros nos señalaran o calificaran de malas personas, así que si logramos ver que estamos sintiendo envidia mejor nos la cayamos, aunque en lo más profundo de nuestro ser estemos claros en que sí estamos envidiando la vida de alguien. Porque como dicen: el jardín del vecino siempre se ve más verde y olvidamos que todos estamos en proceso y que esa persona que tanto envidiamos también tendrá su historia y su propia sombra a trabajar.

El ego es tan hábil como la humedad, se va metiendo poco a poco hasta que un día es dueño de nosotros. Date cuenta, ¡qué tan fácil es amanecer un día triste!, querer a toda costa controlar lo incontrolable causándonos una gran frustración al no poder hacerlo, buscar tener la razón manipulando al otro para lograr nuestro objetivo, o casi de la nada explotar y agredir al que tenemos enfrente. En todas estas acciones **nuestro EGO está presente**.

Al no estar consciente de que existía el ego y mucho menos que habitaba en mi inconsciente fue que me convertí en la niña perfecta, en la mujer de diez, que no se permitía sentir enojo, mucho menos ira. Porque mi miedo a dejar de ser perfecta y con ello perder el "amor" que yo creía que los demás me tenían justo por ser así me tenía presa de mí misma. Para qué enfrentaba y exponía mis verdaderos sentimientos si **siendo perfecta y condescendiente había conseguido que mis padres voltearan a verme**, que en el trabajo me reconocieran, que mis amigos me consideraran "linda" y mis parejas la incondicional, aunque el costo que pagaba por ello fuera muy alto.

¡Ah! Porque **al ego le encanta contarse historias**, regodearse en el drama, **hacer crecer las emociones de baja vibración** y proyectar afuera lo que deberías de trabajar adentro. Disfruta de culpar a los demás de lo que te ocurre, **evitando así que te hagas responsable de tu propia vida**.

Como te dije antes no hay villano 100% malo. Pues aún con todo lo que he dicho del ego, hay como en todos los **desafíos** que nos presenta la vida una bendición escondida detrás de éste. Y de esa hablaremos más adelante.

El ego tiene dististas **formas de manifiestarse** y he aquí las principales:

- rabia
- juicio
- orgullo
- control
- odio
- tristeza

- frustración
- manipulación
- evasión
- agresividad

Existen dos herramientas muy útiles que nos permiten irle ganando la batalla al ego, irlo desarticulándolo, de la primera ya hablamos: la **autoobservación** y la segunda es la **autorreflexión**. Cuestionarnos, ver nuestros bloqueos, encontrar las causas de nuestras conductas nos permite encontrar nuevas posibilidades internas.

Es vital estarnos cachando, ver **cómo nos hablamos**, **cómo nos juzgamos**, cómo nos sentimos, cómo estamos actuando. Si queremos tener una mejor calidad de vida, si queremos sanar, si queremos ser felices hay que salir del piloto automático de la reactividad y comenzar a escuchar nuestro diálogo interno y en consciencia **elegir el bienestar.**

Nuestra mente maneja nuestra vida y si queremos un cambio primero tenemos que cambiar nuestra mente. **El miedo alimenta nuestra sombra,** descubrirlo nos ayuda a ver por qué nos sentimos como nos sentimos.

Siempre, digo "siempre", que el ego nos habita y nos dejamos habitar por una emoción de baja frencuencia como el coraje, **el odio o la culpa existe como base del miedo**.

En mi caso prefería ser buena y linda porque tenía miedo de que me dejaran de querer. Alguien que explota contra una persona y la agrede en el fondo tiene miedo de **perder su posición, la atención o el amor**. Alguien que siente celos quizá tenga miedo a revivir el abandono que lo marcó en su infancia. Alguien que enfrenta una depresión puede estar viviendo un **profundo miedo** a que las cosas no resulten como las desea.

Obsérvate, vuélvete el mayor experto de ti mismo. Ve al fondo de tus propias emociones... y date cuenta de **cuál es el miedo que existe por debajo** de éstas.

La luz tiene que ver con el amor, mientras que la sombra tiene que ver con nuestros miedos.

De ahí que el **opuesto al amor** no sea el odio, sino el **miedo** y decidir **en cuál de estas dos emociones vibrar** sólo depende de ti.

¡Vamos a netear!

Así que ve más allá de lo aparente y pregúntate:

• *¿En esta situación que estoy viviendo, en la que estoy sintiendo tanto* **estrés***, tanta* **angustia***, tanta* **tristeza** *a qué o a quién le tengo* **miedo***?*

_____

_____

• *¿En esta situación en la que los* **celos** *no me dejan vivir,* **a qué le tengo miedo***?*

_____

_____

• *¿En esta* **reacción incontrolable** *que me lleva a agredir al que se me pone enfrente, a qué le tengo miedo?*

_____

_____

Poder ver, trabajar e integrar nuestra sombra **conlleva el mayor potencial de evolución y desarrollo espiritual que podemos alcanzar**.

DEL EXTERIOR AL INTERIOR

Comandados por nuesto ego tendemos a no hacernos responsables de lo que sentimos, de lo que nos pasa y optamos por **depositar nuestros problemas en el mundo exterior**, endosándole la factura de lo que sucede al que está frente a nosotros sin darnos cuenta de que aunque sentimos un leve alivio al culpar al otro, esto lo único que hace es alejarnos de nuestra esencia y de nuestra felicidad. Porque **el camino que nos conduce al amor y a la aceptación** de nuestra imperfección es justo el contrario. El camino para la autoaceptación viene cuando **asumimos nuestra vida y nos echamos el clavado interno**. Implica que dejemos de ver al exterior para comenzar a vernos a nosotros mismos, porque en nuestro interior está la causa de nuestro sufrimiento y dolor, pero también de nuestro bienestar y para ello tenemos que irnos al origen de todo: **nuestro pensamiento**.

Nuestros cuerpos
Nosotros tenemos **cuatro cuerpos** principales:

1. El cuerpo físico
2. El cuerpo emocional
3. El cuerpo mental
4. El cuerpo espiritual

Todos nuestros cuerpos se retroalimentan, si alguno está en desequilibrio impacta al resto y entre más armonía hay entre ellos, se genera mayor congruencia y bienestar. La vida nos obsequió los cuatro cuerpos, pero cada uno requiere de su propia comprensión. El cuerpo que tenemos más consciente, por obvias razones es el físico. En éste tenemos la bendición de contar con cinco sentidos, que nos permiten experimentar el mundo que nos rodea; e incluso es nuestro único recurso material real y sobre el cual tenemos mayor control.

Los otros tres cuerpos **(emocional, mental y espiritual)** a pesar de que coexisten en nosotros, muchas veces pareciera que los damos por hecho y pensamos o actuamos como si no existieran, como si no requirieran de nuestra atención, pero es todo lo contrario. Somos tan poderosos que en nosotros existe la capacidad de **crear nuestra realidad** con base en dos aspectos: nuestro pensamiento y nuestras creencias. De tal manera que es vital ponerles atención ya que de la calidad de nuestros pensamientos dependerá la calidad de nuestras emociones, de nuestro cuerpo y la posibilidad de expandir o no nuestra consciencia espiritual.

Cuerpo mental y emocional

El cuerpo mental es sumamente importante ya que genera las emociones que sentimos y éstas, a su vez, impactan nuestro cuerpo físico, por tanto es crucial hacernos conscientes de **cómo lo alimentamos**.

Con nuestros cinco sentidos experimentamos la realidad, a través de la vista, el oído, el tacto, el gusto y el olfato percibimos lo que está a nuestro alrededor. En un solo instante **recibimos miles de pequeños impactos**. Todos son guardados en nuestro inconsciente y sólo algunos llegan al consciente.

¿A qué huele tu alrededor en este momento? Quizá hasta que en este instante te pregunté hiciste consciente los **olores** que te rodean; aunque desde que empezaste a leer, tu olfato ya había captado los aromas. Así nuestros cinco sentidos mandan información constantemente a nuestra mente, que posee un filtro (nuestras creencias) con base en el cual generamos una película (mapa mental) con el que interpretamos el mundo que nos rodea.

Cada quien tiene su propia película mental y cada uno es el responsable de sus **propias emociones**. Todo es cuestión de perspectiva y cada persona tiene su interpretación de la realidad y su forma de ver el mundo. Bien dicen que perspectiva es realidad, por ello ante un mismo hecho, cada quien lo describe o lo vive de manera diferente. Cada quien pone **énfasis** e interpreta la realidad **de acuerdo con su propio mapa mental**.

Por ejemplo, si estamos cuatro personas alrededor de una mesa y en el centro ponemos una taza blanca con flores del lado derecho y el asa color negro, al describir la taza habrá quien diga que es totalmente blanca porque desde su lugar sólo la vio así, otros dirán que era bicolor porque el asa era negra y el fondo blanco, habrá quien diga que era espantosa porque tenía unas flores y odia las flores o tal vez habrá quien diga que era una taza hermosa porque le recuerda cuando de niño su abuela le daba chocolate. La taza es una, pero **¿cuántas realidades hay?** Una, una taza en una mesa rodeada por cuatro personas que la ven, pero **al mismo tiempo hay cuatro realidades**, las que cada uno describe, porque en realidad ninguno miente, sólo que cada uno está hablando de su percepción de la realidad y a algunos hasta les provocó una emoción clara y definida.

Como podrás darte cuenta, la clave de los **pensamientos** que generamos y de las **emociones** que van surgiendo radica en **cómo percibimos el mundo** que nos rodea.

"No vemos las cosas como son,
sino como somos nosotros".

Te pongo otro ejemplo:

Si tu jefe llega un día y no te saluda podrían pasar las siguientes situaciones:
• Si tú piensas que durmió mal, igual y hasta le preparas un café.
• Si tú piensas que se peleo con su mujer, le darás espacio para que esté tranquilo,
pero...
• Si tú piensas que le caes mal y está considerando despedirte, el miedo y la angustia se apoderarán de ti.

Consideremos otra situación:
Si tu novio vio a una mujer con un perro mientras iba contigo,
• Si tú piensas que la conoce, le preguntarás quién es ella y esperarás tranquila a que te platique su historia.

• Si tú piensas que le llamó la atención por el perro que ella traía, hasta comentarás ¡qué lindo era!

Pero...

• Si tú piensas que le coqueteó... ya te puedes imaginar lo que sucederá.

Con lo anterior quiero que reconozcas cómo nuestros pensamientos van creando la realidad que experimentamos, pero lo interesante es que cada uno de los distintos pensamientos genera una emoción diferente.

En el primer caso cada pensamiento **genera** la siguiente emoción:

1. Empatía
2. Respeto
3. Miedo

En el segundo caso, cada pensamiento **provoca** lo siguiente:

1. Curiosidad
2. Alegría
3. Celos

Como podemos ver la realidad es UNA... **las percepciones infinitas**, y de cada una de estas interpretaciones generamos una realidad. ¿Has oído la frase de "cada cabeza es un mundo"?

Si todos percibimos el mundo de una manera particular ya te podrás imaginar lo complejo que resulta **comunicarnos con el otro**. Cada quien habla desde su película mental, desde la taza que ve, de ahí que nuestra comunicación esté tan alejada de la perfección. ¿Cuántas veces te has enfrascado en una **discusión sobre un tema sencillo** y te dices lo siguiente?:

"Ah, pero que aferrado tipo, no se da cuenta de que la vida no es como la ve".

Pues te aseguro que él está pensado lo mismo de ti.

Nuestro pensamiento también impacta en **nuestro mundo social**, por ello la importancia de poner las cosas claras, las cartas sobre la mesa, de investigar un poco más de cuál es la interpretación de la realidad que hace la persona con la que estamos platicando.

No hay que dar nada por hecho, no hay que suponer, no hay que juzgar o, como bien dice Miguel Ruiz, **no hay que tomarnos "nada personal"**, porque todos en nuestro decir y actuar proyectamos lo que traemos dentro: nuestra propia película.

Y para no suponer y aclarar la película mental del otro, la mejor manera de hacerlo es a través de las **preguntas aclaratorias**.

> • ¿A qué te refieres cuando dices...?
>
> • Según entiendo lo que tú dices es... ¿así es?
>
> • Eso que estás sintiendo es porque pensaste que...
>
> • ¿Hay alguna razón por la que no me saludaste?
>
> • Según tú... ¿qué fue lo que yo te acabo de decir?

Entrar en la **película mental** de la otra persona es imposible, a menos que nos tomemos el trabajo de investigarla. En una terapia psicológica o en una sesión de *coaching* esto es lo común, pero todos deberíamos utilizar esta técnica siempre.

Clarificar las palabras y el pensamiento del otro eleva las posibilidades de una comunicación más clara y efectiva. Pero en la vida real, al no estar consciente de esto, damos por sentado que todos vemos la misma película mental y hablamos un mismo idioma y quizá a nivel fonético sí lo hacemos, pero a nivel de **significados** no.

Para mí, el atardecer puede ser una imagen que me provoca tranquilidad y conexión, pero para alguien puede ser una escena que le recuerda un hecho traumático. Obviamente esto requiere de una **actitud de apertura**, de interés por el otro, de darnos cuenta de que cada uno vive la realidad que desea y por eso es hermoso cuando llega una persona, una serie, un libro, y te regala un aspecto de su realidad que no conoces y que puedes integrar para crear un nuevo pensamiento en ti.

Somos diferentes porque cada uno de nosotros nos convertimos en lo que pensamos. Es vital conocer la película que nos estamos contando, ya que ésta es la responsable de **generar una emoción y un comportamiento específico**.

Una vez conscientes de **qué tan diferentes somos**, es importante caer en cuenta de que cada intepretación de la realidad que hacemos genera una emoción, que puede estar en el terreno de la sombra o de la luz y que de ello dependerá la calidad de nuestra comunicación y de nuestra vida.

No es lo externo lo que nos daña y nos lleva a caer en emociones de vibración baja, sino cómo interpretamos eso que nos pasa, porque la interpretación que hagamos influirá en nuestra realidad y en cada uno de nuestros cuatro cuerpos.

Filtros y creencias

Todos los días, a cada instante estamos interpretando la realidad creando un mapa mental o película con base en los "filtros o lentes" que traemos puestos y que han sido diseñados por **todo lo que hemos vivido** y por cómo lo hemos interpretado. De tal forma que existen filtros o creencias expansivas y filtros o creencias limitantes.

Justamente en las **creencias limitantes** son en las que el **ego** tiene su reino y en las que se instalan los mecanismos que nos impiden aprender a amarnos a nosotros mismos y que nos llevan a recurrir al amor que otros nos dan para poder sentirnos valiosos, dejándonos de esta manera a merced de las conductas y decisiones de los demás. Por eso somos capaces de hacer cualquier cosa con tal de **obtener ese amor externo que nosotros no sabemos darnos** a través de la busqueda de la perfección, de la manipulación, del chantaje, de ponernos en el papel de víctima, etcétera.

Pero, **¿qué es una creencia?** Es dar por verdad un conocimiento o una experiencia, **sin** tener las **evidencias** para comprobarlo.

Por ejemplo, yo de niña juraba y perjura que mis papás no me querían porque no tenía su atención, cada uno estaba viviendo su propia historia, pero **esa niña que era yo a los cinco o siete años necesitaba sentir por completo su amor**, y aunque lo cierto es que ellos sí me amaban y me lo manifestaban como podían, para mí no era suficiente. En ese entonces estaba convencida de que no me querían e instalé esta creencia limitante en mi mente lo que me llevó a convertirme en la niña perfecta que buscaba aprobación y amor en donde se pudiera, generando en muchas ocasiones **experiencias de dolor**. Qué distinto hubiera sido si yo hubiera creído que sí me amaban, jamás me hubiera convertido en la niña de diez, ni en la mujer "perfecta" y seguramente hubiera desarrollado una **autoestima sólida y fuerte**.

Por ello, considero que es muy importante **revisar nuestras creencias** porque muchas veces seguimos reaccionando a una creencia que teníamos de niños cuando hoy, si tan sólo la cuestionáramos, se disolvería en un segundo. Incorporar la **herramienta de la autorreflexión** te empodera.

Así que **no estaría mal que cuestionaras todo lo que te has dicho o te han dicho: tus padres, tus maestros, las instituciones, los medios, la gente que te rodea o incluso lo que yo te comparto en este libro**. Porque si una creencia se instala en tu inconsciente es porque alguien te lo dijo, alguien que ejerce cierta autoridad en ti y por ello lo diste como cierto y verdadero. No necesitaste comprobarlo, lo asimilaste y lo almacenaste en tu mente y desde el inconsciente, que ocupa alrededor del noventa por ciento de nuestra mente, simplemente le permitiste dirigir tu conducta.

Así como yo me compré la creencia de que sólo siendo perfecta sería aceptada y amada, y eso causó una gran limitante en mi vida, también **se vale ponerte una palomita en las cosas que tu inteligencia emocional te permitió no instalar en tu mente** y te doy un ejemplo: Yo no "compré" una creencia limitante que en mi entorno hubiera sido fácil adquirir y que me hubiera llevado a la limitación profesional y económica.

Mi padre nació en una familia **sin recursos económicos**, él pasó hambre y trabajó incluso llevando agua en las tumbas de un cementario, para un niño de nueve años te podrás imaginar lo difícil que es vivir una situación así de extrema. Aun así, **jamás vi a mi padre quejarse por tener que ir a trabajar y conseguir el dinero para sostener a su familia**. Cuando yo nací, la situación económica estaba muy apretada, pero traje torta bajo el brazo porque él empezó a subir de puesto en la refaccionaria en donde en ese entonces trabajaba como vendedor y pudo darnos una vida económica más estable. Él jamás me dijo que la vida era difícil, él simplemente decía que **para generar dinero tenías que trabajar**.

¡Vamos a netear!

Preguntas poderosas:

1. *¿Qué de eso que te han dicho es verdad para ti hoy?*

2. *¿Qué de eso que te han dicho sigue vibrando dentro de ti?*

3. ¿Qué de eso que te han dicho ya es obsoleto y con tan sólo cuestionarlo se disolvería?

4. ¿Qué te han dicho que eres y crees que te define?

5. ¿Qué te han dicho que no podrías lograr, y si lo analizas bien, sí cuentas con la capacidad para conseguirlo?

Y esa fue la creencia que yo asimilé. Aprendí que mi abundancia económica tenía que ver con mi trabajo y, que si yo trabajaba, el dinero llegaría. Así ha sido toda mi vida, lo que tengo a nivel material es sólo producto de mi trabajo. Yo pude haberme comprado la creencia de que iba a pasar hambre como mi padre, que iba a tener una vida compleja para labrarme un futuro, pero no fue así. Su ejemplo bastó para que sin darme cuenta incorporara la creencia de que yo podía ser mi propia fuente de abundancia. ¿Cómo? **Tra-ba-jan-do**.

Así de "sencillo" actúa nuestra mente, sólo que pocas veces nos damos el tiempo y el permiso de cuestionar nuestro interior, de reflexionar sobre lo que creemos o no creemos. En este caso no se trató de una creencia limitante, al contrario fue una creencia empoderadora y agradezco a mi padre el ejemplo que me dio, porque me ha permitido ser una mujer independiente económicamente, pero de no haber sido así, ¿te imaginas la **tensión**, el **estrés**, la **angustia** que hubiera vivido por años si yo hubiera comprado la creencia de que me tocaba replicar la vida de mi padre? **Revisar nuestras creencias es nuestra chamba.**

En nuestra vida tenemos la influencia de muchas personas, de **muchas experiencias que nos van marcando**. No falta el que te dice que no eres bueno para algo, o que no tienes futuro. Que personas como tú no van a hacerla en la vida o que la carrera que eliges no sirve para nada.

¡Vamos a netear!

1. ¿Cuántas veces te ha sucedido algo así?

2. ¿Cuántas veces te has repetido las palabras de otra persona sin darte cuenta o cuestionar si en realidad son tuyas o no?

3. Anota aquí los temas que te tienen preocupado y revisa si esa preocupación es tuya o de alguien más.

4. ¿Cómo podrías resolver las preocupaciones que está en tus manos resolver?

5. Arma aquí un plan de cómo quieres resolver.

6. Yo me comprometo a... ¿a qué te comprometes?

Es importante revisar **qué voces te habitan** porque de esas voces se generan tus **emociones** y de ellas tus **acciones**.

Cuando estaba en una **crisis emocional** fui a terapia, estaba paralizada de miedo porque creía que no iba a poder hacerme cargo de mi vida yo sola, cuando le explicaba esto a la psicóloga me lanzó la pregunta: **¿Quién lo dice, tú o tu amiga?** ¡Pum! En ese momento me quedé fría. En realidad ni siquiera era mi miedo, sino el de una amiga a quien le había ido muy mal económicamente y yo sin darme cuenta le había comprado su historia y la había hecho mía.

La mente es un terreno fértil al que cada vez que le echas algo da fruto, ¿qué tipo de frutos quieres cosechar?

¿No te ha pasado que de repente te encuentras personas totalmente **negativas**, de las que sólo surgen **tragedias**, **errores** y **críticas**? ¿Te imaginas lo que ha puesto en su mente? ¿Con que la ha alimentado? Tenemos que cuidar **con qué clase de ideas nutrimos nuestro pensamiento.** Como ya lo vimos todo el tiempo nuestro inconsciente está recibiendo cientos de **estímulos simultáneos de los que no tenemos control**, al menos de los que sí lo tenemos hay que estar alerta.

Imagina que dejaras que le echaran cualquier cosa a tu jugo o a tu taza de café mañanero: aceite, leche, azucar, sal, pimienta, etcétera. ¿Te lo tomarías con total confianza? Por supuesto que no. Igual son todas las ideas que dejas entrar a tu mente. En ocasiones **tomamos como propia una creencia externa** de la misma manera que alimentanos nuestro cuerpo con un bocado de comida que tragamos sin siquiera saborearlo.

En mi caso, **desde que estoy consciente de la forma en que actúa mi mente**, trato de cuidar con qué la alimento y ello incluye lo que veo, leo, escucho y con las personas con las que comparto mi tiempo.

Trato de estar informada de lo que ocurre en el mundo, pero al mismo tiempo trato de **delimitar las imágenes e información** que veo en las redes o los medios, porque muchas veces nos presentan la tragedia y el caos de una manera tan brutal que sólo nos causa **desajustes emocionales** y nos llena de angustia y miedo; sinceramente, no es ese tipo de alimento lo que quiero para mi mente. También me he alejado de **gente tóxica**, que ama recocijarse en el drama sin buscar salir de éste, o ir por gusto al cine o ver una serie de terror o violencia extrema, porque yo no le veo el sentido de meter esas imágenes en mi cabeza que más tarde no me van a dejar estar en paz.

La calidad de tus pensamientos marca la calidad de tu vida. Tenemos que aprender a desprogramarnos, a hacer *delete* de lo que nos daña, de **lo que no nos deja avanzar y nos limita el actuar**, como le hacemos con un archivo que queremos borrar en nuestros dispositivos electrónicos.

Las voces

Hay personas a las que les damos el poder de juzgarnos, de darnos dirección, de decirnos quiénes somos. Y puedo entender que esto es lógico mientras estamos en una etapa de formación, cuando somos niños y adolescentes, pero **en la etapa adulta es vital hacer un "ligero movimiento" y desplazar la autoridad que les damos a otros para asumir nuestra propia autoridad** fortaleciendo nuestra fuerza yoica. La fuerza que nos permite decir "yo soy", pero ese "yo soy" que surge desde el corazón, desde el centro de lo que en verdad somos. Sólo estando bien parados en nuestra vida podremos transitarla. Pasamos **demasiado tiempo tratando de agradar a los demás**, tratando de encajar, buscando la aprobación externa de tal manera que nos desgastamos cuando los demás no nos dicen lo que deseamos escuchar, cuando el reflejo que nos dan no es el que queremos ver.

Cuando te das la oportunidad de ver quién eres en verdad, y qué te sostiene internamente, se fortalece tu poder interior. **Darle el poder a los demás de definirte y seguir escuchando las mil voces de otros que tienes en tu interior te drena**. Bien dicen que no hay peor pesadilla que tratar de agradar a todos, porque esto es imposible.

Tenemos muchas "voces" dentro de nosotros, algunas nos motivan y nos ayudan a salir adelante. Un "tú puedes" que recuerdas de tu madre, un "eres muy inteligente vas con todo" de un amigo y esas hay que oírlas porque suben nuestra frecuencia, pero **las voces limitantes, las que te llevan a la vibración de emociones bajas esas son las que es importante ver y desarticular**.

Cada vez que escuches una de éstas, pregúntate:

- ¿Esto es verdad? ¿O es sólo la opinión y la percepción de una persona, que basa sus palabras en su propia película mental?
- Incluso, en este momento, ¿esto es verdad?

A veces **una creencia que hace años era verdad hoy ya no lo es y seguimos "cargándola"** y dándole poder cuando hace tiempo que dejó de aplicar en nuestra vida.

¿Eso que "x" me dijo es cierto para mí? Alguien puede ser tan definitivo al expresar su opinión que **corres el riesgo de introyectar sus palabras y hacerlas una verdad para ti**, olvidando que toda opinión dada por alguien está cargada con la historia de quien la hace y se trata de una proyección.

¿Cómo sería yo sin esa creencia limitante? Ésta es una pregunta sumamente poderosa, el simple hecho de hacértela te eleva del problema y te lleva al campo de las posibilidades infinitas. Te regala una fracción de un futuro imaginario que puedes replicar y crear, si tan sólo eliminas y le das la vuelta a eso que tú le diste valor y convertiste en una creencia.

Yo **estuve a punto de no ser escritora**, la primera vez que presenté mis libretos para una telenovela, el evaluador me dijo viéndome a los ojos con total convencimiento y hasta con cierto sadismo que mis libretos eran los peores que él había leído en su vida, que me dedicara a otra cosa porque como escritora me moriría de hambre. Aún recuerdo **la tristeza y el dolor con el que salí de su oficina**. Había sido tan tajante que no cabía duda en sus palabras. Por un segundo le creí, pero dentro de mí había una vocecita que me decía: Cree en ti, y decidí hacerlo. El camino no fue fácil, en ese momento ya era conductora de televisión y mis jefes no me veían como escritora. Pero terca o persistente siempre he sido y durante cuatro años toqué todas las puertas que existían en la empresa hasta lograr que alguien creyera en mi amiga/socia y en mí. De haberle dado crédito al evaluador me hubiera ido a mi casa a llorar y romper los libretos, pero no darle valor a su voz, me llevó a seguir persiguiendo mi sueño. Y cuando alguien creyó en la historia y decidió producirla **mi vida profesional cambió**, porque fue tal el éxito obtenido con *Tres mujeres* que de 160 capítulos originales, escribimos 540. Y con ello **me convertí oficialmente en escritora**.

No darle poder a las voces de otros fortalece tu propia voz y tu poder personal.

Así que cuando alguien te dice "NO", es "no" para esa persona, es un "no" aún, pero si estás convencido, **si eres capaz de sostener el deseo**, **tú tienes el poder de convertir ese "NO" en un "SÍ".**

¡Vamos a netear!

Ejercicio para detectar creencias limitantes:

1. Describe con una sola frase cinco características que consideres limitantes o negativas en tu forma de ser:

Ejemplo: Soy muy torpe.

Soy malísimo para...

A mí no se me da...

2. Analiza qué te hace decir tal afirmación y darla como verdadera.

¿Puedes encontrar cuándo y dónde se originó?, ¿qué persona o experiencia te hace asumir como un hecho estas afirmaciones?

Ejemplo: Soy torpe:

*Desde niño todo se me cae.

*Mi abuelo me dice que yo tengo manos de mantequilla.

3. Pregúntate si aquí y ahora esta afirmación es realmente verdad.

¿En verdad "TODO" se me cae?

¿En verdad tengo manos de mantequilla?

Hallar el origen de la creencia y cuestionar su veracidad en tiempo presente nos ayuda a desarticularla al no seguir reaccionando en piloto automático. Cada vez que algo a nivel de pensamiento te limite, antes de reaccionar cuestiónate "quien" o "qué" está detrás de esa creencia limitante.

4. Pregúntate y visualiza como serías tú sin esa creencia.

¿Cómo hablarías? ¿Cómo serían tus relaciones?

¿Qué sería diferente? ¿Cómo te sentirías?

Ejemplo: Más seguro.

_____

_____

_____

5. Cambia la creencia limitante por una empoderadora de manera positiva y en tiempo presente.

Ejemplo: Soy hábil para...

_____

_____

_____

_____

> *Cada vez que aparezca la creencia limitante, haz una pausa y cámbiala por la nueva creencia y actúa en consecuencia. La semilla del cambio ha sido plantada, si la cuidas al observarte, si la alimentas con la repetición comenzará a generar un cambio en realidad.*

El hámster

Según algunos estudios científicos tenemos **más de 60 000 pensamientos diarios y la mayoría son negativos, repetitivos y tienen que ver con el pasado**. Como decimos coloquialmente, no dejamos que el "hámster" descanse. Y nadie absolutamente **nadie puede hacer nada para cambiarlo y controlarlo más que tú**. Y la forma de hacerlo es cachándote, autoobservándote. Recuerda, cada vez que viene un pensamiento de tragedia, de crítica, de escarnio, **ve de frente el pensamiento y cuestiónate si es verdadero**. Y si no lo es, si no te define se debilitará.

Ahora que ya conoces la fuerza que tiene nuestro pensamiento puedes darte cuenta de que **dentro de ti está la increíble posibilidad de cambiar tus estados de ánimo**.

Que si pones atención en lo que estás pensando **puedes salir de tu caos mental y redireccionar tus emociones**.

Cabe destacar que en ocasiones **no basta con sólo verlo**, llevamos tanto tiempo en este condicionamiento que necesitamos **más herramientas para salir de la compulsividad y de la repetición de un pensamiento** y he aquí la forma de hacerlo.

- Primer paso: ¡Para! Haz una **pausa**. No dejes que el hámster tome poder.
- Segundo paso: **Observa** tu pensamiento.
- Tercer paso: Déjalo ir... **no te enganches** a él. Deja que se vaya.

Si no logras hacerlo y tienes el efecto contrario, es decir **que el pensamiento se vuelva obsesivo y regrese a instalarse con más fuerza**, es necesario dirigir en consciencia tu pensamiento a otro lugar.

Todos tenemos **un lugar favorito**, un lugar que te da paz, un lugar **que te hace sonreír sólo de recordarlo y si no lo tienes créalo**. En mi caso me voy al mar, a la sensación maravillosa de estar sentada en la arena escuchando cómo rompen las olas y viendo un atardecer de esos que pintan el cielo de muchos colores. Puedo estar en cualquier lugar y circunstancia, puedo hacerlo con ojos cerrados o abiertos, pero **la idea es poder dejarnos habitar**, a través de la imaginación, con la sensación de bienestar. De esta manera cuando me cacho poseída por un pensamiento negativo que me está causando ansiedad, miedo, angustia, respiro profundo y me voy a mi atardecer. Esto hace parar mi mente, frenar al hámster y cambia de inmediato mi estado de ánimo. Pruébalo. Te presto mi atardecer si te sirve o, si no, crea tu propio paraíso. Ahora, si te resulta difícil crear un mundo imaginario, otra técnica que elimina el pensamiento obsesivo es empezar a tener consciencia de la respiración y del cuerpo. Date cuenta de cómo se siente el dedo gordo del pie, piensa si tienes frío o calor, si tu piel está suave o no, cómo se oye el latido de tu corazón, etcétera. Esto ayuda a **parar el pensamiento caótico y neutralizarlo**. Entre más lo practiques más fácil se te hará lograrlo.

En caso extremo de **obsesión compulsiva de un pensamiento** cambia la temperatura de tu cuerpo: mete la cara y las manos en agua fría, la sensación provocada hará que en un segundo **te centres en el presente de nuevo** y salgas de la repetición.

Las emociones generadas por eventos del pasado **pierden fuerza si pones tu pensamiento en el aquí y en el ahora**, hazte consciente de que ya experimentaste los 90 segundos de su mayor potencia. El resto lo provocas con la repetición de pensamiento.

El pasado nos sirve de referencia, nos enriquece con datos y vivencias muy importantes cuando decidimos **sacarle provecho a todo** lo experimentado, pero eso que vivimos, en el pasado, ya no es nuestra realidad. Lo que sucede hoy, aquí y ahora, es lo realmente relevante.

Dejar de recrear el recuerdo del hecho que las provocó, llevará a tus emociones a un lugar neutral del no juicio y de mayor paz.

Aprender a manejarnos en la consciencia nos permite salirnos del camino conocido y a crear un futuro no predecible. Si **vibramos en sufrimiento** vamos a atraer **más situaciones de sufrimiento**, no porque la vida la traiga contra nosotros, no porque tengamos mala suerte, no porque la Luz no nos quiera, sino porque es nuestro camino conocido, nuestra mente sabe que ahí sabemos manejar las cosas, que a pesar de la incomodidad nos sentimos en nuestra zona de confort. Sí, ya sé que al escuchar esto puede haber resistencia, "¿cómo crees que me gusta sufrir, Martha?" No sé si te gusta... pero lo que sí sé es que **no aprendimos a frenar las emociones y a detectar el pensamiento que las genera** y por ello éste seguirá presentándose de forma constante en nuestra vida. Cuando mantenemos nuestras mismas reacciones condicionantes del pasado, dejamos **poco espacio para crear una nueva circunstancia** en el futuro.

Las emociones son nuestra mejor clave para saber en qué estado mental nos encontramos y de nosotros depende si nos dejamos arrastrar por éstas o las redirigimos para conectar con el placer de vivir.

Como podrás inferir, **las creencias son las generadoras de las mecanimos que utilizamos para obtener amor**. Seguramente de haber nacido unas décadas atrás jamás me hubiera cuestionado mi creencia sobre la perfección, hubiera seguido el camino de la niña de diez y en gran medida hubiera renunciado al placer y conexión con la luz como lo hicieron muchas mujeres de antaño. Por fortuna me tocó vivir en la época del despertar de la consciencia, en la que el conocimiento psicológico y espiritual me ha permitido ir desarticulando mis creencias limitantes y gozando de **una vida de mayor conexión conmigo y con la fuerza divina**.

Creando nuestro futuro

Sin lugar a dudas estamos viviendo **tiempos de mucho movimiento y caos**, las estructuras que nos sostenían están perdiendo fuerza. Es importante darnos cuenta de que el futuro ya no lo conocemos. Y me vas a decir: "Martha ahora sí enloqueciste, jamás lo hemos conocido, quizá lo podemos imaginar, pero nada más". Y tienes razón, pero a lo que me refiero es que **nuestros abuelos y nuestros padres sabían de qué iba el futuro...** qué era lo que seguía en cada ciclo, **nosotros no**.

En el pasado **la vida estaba más estructurada en etapas que todos iban cumpliendo**, las instituciones eran sólidas y viviamos en una época más paternalista que daba poca posibilidad de acción. La mayoría de las mujeres ancestrales tenían una línea clara a seguir: estudiaban, terminaban cuando más una carrera, se casaban, tenían hijos, se dedicaban al hogar, algunas trabajaban, pero **la prioridad era ser madre y esposa**, y buscaban la **perfección** a toda costa. Los hombres sabían que tenían que hacerse cargo de la manutención del hogar y su opción era dedicarse al trabajo. Los matrimonios eran entre hombre y mujer y eran la base de la sociedad. Si alguien escapaba de este tipo de vida era visto como "extraño" y podía incluso ser excluido de su clan. **Hoy en día todo es posible**, cualquier combinación en la dinámica familiar es válida, puedes casarte, no casarte, son permitidos los matrimonios entre personas del mismo género, la mujer puede mantener la casa y el hombre quedarse al frente de las labores domésticas, y mil combinaciones más. Esto que hoy se nos hace normal hace tan sólo unas décadas atrás era impensable, a varios les hubiera dado un paro cardíaco sólo de imaginarlo. **La vida está cambiando tan rápido** que antes sólo en las películas de ciencia ficción podías comunicarte a la distancia y hoy gracias a internet estás comunicado con el mundo entero en tan sólo un segundo. **La tecnología nos ha cambiado la forma de ver la vida** y ahora toda la información está al alcance de todos. ¿Qué viene para nosotros? Ahora sí... nadie lo sabe. Desde mi punto de vista todo está cambiando de una manera acelerada para ayudarnos a despertar y a salir del letargo que por años tuvimos, estamos viviendo un profundo cambio de consciencia en el que cada uno labra su destino. Hoy ya no hay un camino o una línea trazada estamos viviendo en el mundo de las mil opciones.

Y esto tiene una parte maravillosa, increíble, fascinante y de **mucha libertad**, pero por otro lado hoy tenemos tantas alternativas de elección que en ocasiones nos vemos arrastrados por la **desazón**, **angustia**, incertidumbre frente el mundo de posibilidades que se despliega ante nuestros ojos. Nuestro mundo exterior está tomando nuevas formas que requiere de nuevas formas internas, ya que el mundo como lo conocíamos esta transformándose a pasos agigantados y esto puede generarnos miedo, si dejamos que el ego y su desconexión se apoderen de nosotros haciéndonos perder de vista nuestra esencia.

Por eso ahora más que nunca es **importantísimo vigilar lo que entra en nuestra cabeza**, la información, las imágenes que permitimos que se alojen en nuestro cerebro. Las situaciones difíciles en el mundo seguirán sucediendo, los cambios se están dando, pero de cada uno de nosotros depende estar checando nuestros pensamientos, nuestras emociones para permanecer conectados con nuestra verdadera esencia, con quien en verdad somos, con nuestra luz y amor.

- ¿Qué estoy **pensado**?
- ¿Qué me estoy **diciendo**?
- ¿En dónde no me estoy **amando**?
- ¿A qué le tengo **miedo**?
- ¿Con qué estoy alimentando mi **película mental**?

Pase lo que pase en el exterior recuerda que, por principio, tú eres luz, que cuando el miedo, la ira, la angustia, tristeza o alguna emoción de baja frecuencia se presente, tienes que **revisar tu pensamiento y preguntarte**:

Si te estás sintendo mal, **si estás instalado en la emoción de baja vibración**, si no te sientes empoderado, feliz y en paz, revisa en dónde está tu pensamiento, qué te estás diciendo de la situación que estás atravesando, dónde está la **creencia limitante**. Busca dentro de ti y encuentra los "Claro", "claro, me estoy diciendo que no puedo", "claro, tengo miedo por...", "claro, estoy triste porque creo que...". Cada "claro" que te caches es un paso adelante en tu despetar.

Descubrirlo, sacarlo de la sombra y llevarlo a la luz te ayuda a entender por qué te sentías tan drenado y por lo tanto te permite liberar esa energía que te estaba conduciendo a un malestar.

Tendemos a visualizar el futuro, a hacer escenas completas, hasta con diálogos de todo lo que sucederá, incluso en muchas ocasiones, imaginamos el peor de los escenarios y esto genera aún **mayor tensión**. Mi madre era así, así que si ibas a ir por carretera te decía: "cuidado porque vas a chocar", si viajabas en avión te preguntaba: "¿no se irá a caer?", si te subías a una montaña rusa te decía: "No, hija, se va a quedar atorada y ya te veo colgada ahí por horas". Yo no me había dado cuenta de **qué tanto me marcó este tipo de pensamiento negativo hasta que me vi repitiéndolo**, siempre le veía el peligro a todo. Y bueno, obviamente todo tiene un riesgo, vivir es un riesgo, pero no puedes pasarte la vida en esa angustia. Hay que tomar precauciones, medir el peligro, hacer tu hoja de riesgos calculados, pero hay que seguir hacia adelante. El caso es que cuando me caché con este patrón de pensamiento me di cuenta de que **me había perdido de vivir mil experiencias por anticipar el "peligro"**. Y cuando en la autoobservación me veo metiéndome a esta línea de pensamiento, hago una pausa, veo el pensamiento, en consciencia calibro la experiencia y tomo la decisión de hacerla o no.

Parece largo el proceso, pero conforme te vas conociendo se hace más práctico y esto es lo que me ha permitido salir de este condicionamiento. No te voy a mentir ni a decir que ya me descubro completamente, porque no es así, ya compartí contigo lo que me pasó cuando mi trabajo comenzó a desestabilizarse. Además de que en mi caso, mi mente creativa de escritora puede llegar a **lugares inimaginables de tragedia** si no la paro a tiempo, pero cada vez me doy cuenta con mayor frecuencia y meto freno.

Hoy estoy consciente de que...

"Cada conquista de mi pensamiento negativo suma un punto a mi bienestar".

La autoobservacion es un trabajo constante. No es que un día lo hagas y como ya te cayó el veinte ya la hiciste, el problema es que llevamos tanto tiempo dándole fuerza a una creencia que **reaccionamos de inmediato**, de manera inconsciente, automática, sin hacer una pausa, sin siquiera cuestionarnos y por eso no nos damos cuenta de que caemos siempre en el mismo patrón de conducta.

Reactividad vs proactividad

En esto de estarnos cachando hay un asunto importante, tendemos a pensar que cuando hablamos de no tener una conducta reactiva e irracional, ésta se da sólo cuando nos dejamos ir por el coraje, por la ira, cuando gritamos, pero en ocasiones es todo lo contrario, **la reactividad también tiene que ver con seguir atrapado en una misma conducta repetitiva que no te causa bienestar**.

Reaccionamos cuando nos dejamos ir por nuestros condicionamientos, por como siempre actuamos, aunque esto generalmente nos provoque dolor, te pongo mi ejemplo. En mi constante afán por ser linda y perfecta para los demás, yo **aprendí a no confrontar**, a no decir lo que sentía y a no poner límites, cuando se presenta una situación en la que sentía abuso mi tendencia automática era evadir, sonreír y salir corriendo. Esto también es reaccionar. Es seguir dejándome llevar de manera inconsciente por el mismo patrón de conducta aunque éste genera dolor. ¿Cómo salir de ahí? Siendo proactiva, haciendo uso de mi inteligencia emocional y por tanto haciendo justo lo contrario aunque no resulte fácil. En este caso, **lo contrario a siempre complacer es confrontar**, es poner límites y vencer mi miedo a que me dejaran de querer si yo decía: "Espérate tantito, eso que estás haciendo me está lastimando".

Las primeras veces era realmente aterrador hacerlo, es más ya habiendo visto mi conducta reactiva, mi mecanismo para obtener amor, no lo hacía **me quedaba "congelada"**. Ya te imaginarás todo lo que después al verme al espejo me decía al haber dejado ir la oportunidad de poner límites sanos y me enojaba mucho conmigo misma. Pero poco a poco aprendí a perder el miedo y más cuando lo hice la primera vez y vi que el otro no dejó de amarme, sí se sacó de onda durísimo, pero entendió y respetó mi sentir, pudo no haberlo hecho y alejarse, pero yo estaba dispuesta a correr el riesgo con tal de empezar a verme como mi prioridad. Al **confrontar y aprender a poner límites sanos** me di cuenta de que me sentía mucho mejor conmigo, que empezaba a valorarme, a sentir amor por mí y a sentirme empoderada.

Así empecé a **dejar de ser reactiva** (respondiendo de la misma manera condicionada) e intenté ser más proactiva (respondiendo de manera distinta a la habitual). Así inicié mi camino del **despertar de consciencia**.

Cada vez que **actuamos de forma reactiva**, causamos una chispa, una ranura en nuestra alma. Y preguntarnos qué o quién me aprieta los botones que me hacen reaccionar nos ayuda a **dar con ese estímulo que explota y baja nuestra frecuencia vibratoria**, y al descubrirlo también nos permite dar con la posibilidad de **salir de ese círculo vicioso** y poder hacer un cambio.

Tendemos a repetir lo mismo que hemos hecho siempre, porque nos ha permitido **sobrevivir en un ambiente adverso** y porque alguna compensación hemos recibido por ello, por eso es tan difícil cambiar nuestra forma de pensar y en consecuencia, de actuar, pero créeme **vale la pena descubrir nuestros botones reactivos y ejercer la proactividad**.

Papel de víctima

Otro ejemplo claro, de nuestra reactividad, es **otro mecanismo para obtener amor** en el que es muy común caer sin darnos cuenta: colocarnos en el papel de **víctima**.

¿Qué hace una víctima? **Endosa su responsabilidad al otro**. La víctima **jamás será la protagonista de su propia vida**, aunque crea que lo es, porque siempre está viviendo a través de los demás.

Cuántas veces has dicho o has oído que alguien dice: "Fulano es un desgraciado no sabes lo que me hizo", "Eres un maldito por tu culpa no soy feliz", **"Deberías amarme, ¡qué no te das cuenta cuánto me haces sufrir!"**, "No te vayas que si lo haces me muero", y con frases tan mani-puladoras como éstas podría llenar un libro completo, pero creo que sabemos de qué estamos hablando.

Ser víctima es **poner tu atención en el otro y no en ti**. La culpa de todo tu sentir, actuar y las consecuencias las tiene otro, no tú. Y con toda la pena del mundo: Yo confieso que hubo un tiempo en el que yo era una víctima asque-rosa. **Cientos de veces culpé al de al lado de mi sentir**, de ser el responsable de mi alegría, de mi desamor, hasta de si me dolía la panza o no. ¡Qué horror! ¿Tú tambien has caído en el papel de víctima o sólo me ha pasado a mí?

Lo particular de esta conducta es que para muchos es común y la califican como "normal" cuando es la **base de las relaciones tóxicas que mantenemos incluso por años**, ¿cuántas mamás les reclaman a sus hijos su sentimiento de abandono?, ¿cuántas exparejas siguen culpando al galán o galana por el desamor que los habi-ta?, ¿cuántas veces te sientes víctima de las circuns-tancias?, porque tú eres tan bueno que cómo es posible que te haya pasado algo que no esperabas.

Estamos tan acostumbrados a quejarnos, a tratar de manipular y controlar al otro a través de nuestro papel de víctimas, que no nos damos cuenta de que **este meca-nismo para obtener amor lo que hace es realmente alejarnos de él**, y no sólo eso sino que nos lleva directo al sufrimiento, a compadercernos de nosotros mismos con el clásico "¡Pobre de mí, nadie me entiende!", y esto puede afectarnos al grado de **impactar de manera negativa toda las áreas de nuestra vida.**

Y esto queda muy claro cuando pensamos en las películas románticas o en las telenovelas que hasta hace unos años veíamos. Por lo general, **las protagonistas eran mujeres perfectas**, bellas, puras y castas, **que desde el primer minuto comenzaban a sufrir**, porque existía una creencia generalizada de que esta vida era un valle de lágrimas, lograr el amor romántico era su principal meta por lo que para conseguirlo eran capaces de todo, incluido el chantaje y la victimización. Eran dramáticas por excelencia y lloraban durante toda la historia. Eran consecuencia de las circunstancias y no tenían voluntad propia. Por fortuna, las protagonistas que vemos en la actualidad, ya no son así, la gran mayoría dejó a un lado el drama autoimpuesto y son mujeres más empoderadas que se transformaron de víctimas a líderes. Estas nuevas protagonistas responden a las mujeres como somos hoy, aunque por tendencia muchas no hayamos salido de ser las víctimas o hayamos vuelto a caer en esta conducta al no estar conscientes de que debemos eliminarla.

Ahora cabe destacar que ésta no es una condición de género, sino una conducta humana. Me referí a las

protagonistas porque por lo general así eran caracteri-
zadas, pero en el mundo real **el papel de víctima lo ocupan
tanto hombres como mujeres**, por igual.

En el momento en que nos descubramos en esta posición, la pregunta debe ser cómo salimos de esta conducta. Dándonos cuenta de que nadie puede hacernos sentir algo que no permitamos, que a nadie podemos
endosarle la responsabilidad de nuestro amor, ni de nuestra felicidad porque ni el amor ni la felicidad vienen de
afuera. Que nadie te agrede, abandona o te hace sufrir,
sino que **eres tú quien opta por sentirse agredido, aban-
donando o en sufrimiento**.

Es muy diferente decir: "el otro me abandonó" a **"se
fue de la relación"**. Emocionalmente lo primero te pone
en un lugar de víctima, de ser el efecto de las decisiones
del otro; la segunda afirmación responde a un hecho real
que sucedió y que te será más fácil ir aceptando al quitarle la carga emocional.

Aceptar que en una relación tóxica no es que el otro
te haya hecho, sino que tú permitiste que te hiciera es el
primer paso para la sanación. Quizá la primera vez que
sucedió un acto desagradable te agarró en curva y despre-
venido, pero si se da una segunda ocasión: tú lo permitiste al no haber puesto límites claros o al no haberte ido
y eso te hace corresponsable de la situación. En algún

punto de la historia **dejaste de amarte y entregaste tu poder al otro, por eso te sientes víctima de la circunstancia, pero está en ti la fuerza** para salir de este mecanismo en el que la queja es la principal forma de expresión. Honestamente la queja apesta, la queja no te deja avanzar porque no te conduce a ningún nuevo lugar interno, sino a **regodearte en un mismo círculo de acción**.

En algunas ocasiones **creemos que la vida está siendo tan injusta con nosotros que nos aferramos a querer cambiarla** y a manipular a nuestro antojo, pero no olvides, **las emociones no llegan y se apoderan de ti**. Tú las creas **con base en tus pensamientos** y principalmente con base en tus **miedos**. Así que es vital salir de este círculo vicioso preguntándonos lo siguiente:

¡Vamos a netear!

1. *¿En dónde estoy yo en esta situación?*

2. *¿En dónde estoy en la queja, metida en el problema o en la responsabilidad de asumir mi parte en lo que estoy viendo?*

3. *¿Qué hace esta persona o situación en mi vida?*

Muchas veces culpamos al mensajero cuando lo que importa es el mensaje, el **para qué esa persona o situación está presente en eso que me ocurre**, **¿qué tengo que aprender** de lo que me está ocurriendo?, de lo que está en mi realidad.

Asumir nuestra responsabilidad en lo que vivimos es una gran oportunidad de crecimiento, es trascendente **echarse el clavado interno para despertar y dejar de sufrir**. **Mientras pongamos la atención en el otro,** mientras señalemos al otro como responsable de lo malo que nos ocurre en la vida **no hay manera de mejorar**.

Debemos asumir que hay cosas que controlamos
y otras que no controlamos.

Controlamos nuestros pensamientos, nuestras emociones, nuestras acciones, nuestras intenciones, nuestra actitud, nuestras palabras, nuestras creencias... es decir, todo lo que es NUESTRO.

No controlamos: los pensamientos, las emociones, las acciones, las intenciones, las actitudes, las palabras, **las creencias de los demás.**

Tampoco controlamos las cosas que son de Dios, las cosas que son por **destino** y que nos van a ocurrir **según nuestra alma haya decidido evolucionar.**

Así que podemos caer en la manipulación, el llanto, el control, el reclamo que por más que hagamos, no podremos lograr que una pareja nos ame si el sentimiento no surge de esa persona. Podemos chantajear a nuestros hijos y decirles que nos sentimos solos sin su presencia, pero si ellos no lo desean no convivirán con nosotros, podremos pedirle a nuestro mejor amigo que nos dedique parte de su tiempo, pero si él no tiene la misma intención, no sucederá.

En algún lugar de nuestra infancia y de nuestra vida compramos la creencia de que podemos **controlar a los que nos rodean** y las situaciones que vivimos, pero no es así. De ahí que, para salirnos con la nuestra, **nos convertimos en los reyes de la manipulación y el control**, creyendo que este mecanismo para obtener amor es efectivo, pero al igual que los demás no lo es. Existen personas que incluso encontraron que enfermar su cuerpo les permitía tener el "amor", la atención deseada y el control de los que le rodeaban ejerciendo a la perfección el papel de víctima. Conozco a una persona que después de quince cirugías en distintas partes de su cuerpo al estar consciente de que éste había sido su mecanismo para obtener el amor, **decidió trabajar su sombra en terapia** y "curiosamente" al caerle el veinte de su hábito, su cuerpo dejó de enfermarse. Así de poderosa es nuestra mente.

El pensamiento y las emociones también impactan en el cuerpo físico.

Para solucionar lo que sucede dentro de nosotros debemos **enfocar nuestra atención en nuestro interior**, y no en lo que ocurre fuera de nosotros. Es crucial hacernos responsables de lo nuestro porque sólo ahí tenemos poder de acción y la posibilidad de forjar la vida que deseamos.

Al estar conscientes de nuestras emociones podemos sanarlas si trabajamos la polaridad, es decir, si sentimos envidia **debemos alimentar la empatía**, si sentimos enojo

hay que fortalecer el agradecimiento, si estamos deprimidos debemos buscar cosas o personas que nos conecten
con la alegría. No será fácil hacerlo, la inercia nos consume, pero de nosotros depende salir de ella y asumirnos
como nuestro propio sanador.

NUESTRO CUERPO FÍSICO

Estamos tan acostumbrados a tener un cuerpo físico que
en muchas ocasiones lo damos por hecho y no tenemos
los cuidados de alimentarlo bien, ni ejercitarlo. A pesar
de que hoy sabemos que es vital eliminar o consumir
con medida: harinas, sal, azúcar y lácteos los seguimos
consumiendo, en muchas ocasiones, sin ningún control y a pesar de saber que al menos hay que ejercitar
nuestro cuerpo 30 minutos, cinco días de la semana
continuamos siendo sedentarios, perdiendo de vista que
el cuerpo es nuestro único vehículo y que los excesos
que sufra nos lo cobrará con el tiempo.

Por fortuna cada vez hay también una mayor consciencia física y estos malos hábitos se han ido cambiando.
Hoy en día somos más personas las que llevamos una
dieta balanceada y movemos nuestro cuerpo con distintas rutinas de ejercicio, manteniéndolo en una mejor
forma y en salud. Pero más allá de lo tangible, lo cierto

es que **nuestro cuerpo tiene su propia inteligencia y si nos damos a la tarea de sentirlo, de habitarlo** y de estar consciente de él nos sorprenderíamos de toda la información que tiene que darnos sobre nuestro ser.

Con inteligencia propia **nuestro cuerpo sabe lo que se siente bien o lo que se siente mal**. Cuando aprendes a escucharlo, no sólo despiertas la intuición y el sexto sentido, sino que puedes sentir cómo las emociones vividas se quedan alojadas en distintas áreas y órganos.

En la medicina oriental **cada parte del cuerpo responde a una emoción**. Cada que el cuerpo manifiesta una incomodidad o una enfermedad se dice que el alma hace tiempo que la estaba sintiendo. Te pongo tan sólo unos ejemplos de cómo las emociones impactan en nuestro cuerpo físico, los expertos en este tema afirman que si tienes una gripe se trata de confusión mental, que si te duele la garganta hay cosas por decir, una infección en los ojos es por problemas que no quieres ver, afecciones con los riñones se deben a miedos, molestias en el hígado es por enojo, en los pulmones es tristeza, en el corazón por falta de alegría, en las rodillas por falta de flexibilidad.

Al principio que yo escuché esto **decidí observar si cuando tenía algún padecimiento físico detrás había una emoción contenida** y me di cuenta de que sí, que **el cuerpo**

habla lo que el alma grita. Por eso parte de tener un cuerpo físico sano no sólo depende de los alimentos que consumimos y el ejercicio que hacemos, sino **también depende de la calidad de nuestros pensamientos y de nuestras emociones**.

La **inteligencia del cuerpo** es tan impresionante que cuando meditamos, visualizamos o imaginamos, el cerebro crea nuevos caminos neuronales que incluso lo pueden llevar a la sanación, es la ya famosa "neuroplasticidad del cerebro".

La enfermedad es el desequilibrio interno

que requiere orden.

Así que debemos enseñale al cuerpo a que "sienta" lo que se "sentiría" el futuro que tú quieres vivir como realidad, para que comience a **crear bienestar** en el cuerpo y nuevos caminos neuronales que lo conduzcan a ese estado. En pocas palabras debemos enseñarle al cuerpo lo que sentiría en un futuro deseado de salud plena.

Para hacerlo existe **el ejercicio del deseo cumplido** que radica en imaginar la situación deseada, vivirla en todo su potencial en tiempo presente y agradecerla como si ya hubiera ocurrido. Al hacerlo **el cerebro secreta los mismos químicos** que hubiera liberado de haberlo vivido en el futuro, es decir, sentirá la **plenitud** y el **bienestar** en el momento actual que esa situación le hubiera provocado en el futuro y lo mejor del caso es que creados estos nuevos patrones neuronales la mente tiende a seguirlos y a crear las emociones de alta vibración provocados por esa "nueva realidad".

Ejemplo del **deseo cumplido** en la **salud**:

1) Siéntate en un **lugar cómodo**.

2) Cierra los **ojos**.

3) Empieza a **relajar** cada parte de tu cuerpo.

4) **Respira** a ritmo pausado.

5) Siente tu cuerpo, **recórrelo** de arriba hacia abajo. Percibe si sientes alguna molestia, alguna tensión, algún dolor. Si al recorrerlo te atoras en algun lugar y no puedes seguir, si lo "ves" con menos luz que el resto. Cuando hayas localizado un espacio o área en particular pregúntate:

• ¿En **dónde** lo sientes?

• ¿De que **tamaño** es?

• ¿Qué **temperatura** tiene?

• ¿De qué **color** es?

• ¿Qué **sensación** te provoca?

• ¿Hay alguna **emoción** atorada ahí?

Si existe alguna enfermedad específica concéntrate en ella, si no es así **deja que tu cuerpo se exprese**, cada persona lo percibe distinto, **sé compasivo**, no permitas que la mente y los juicios participen y atrévete a vivir y abrazar la experiencia.

6) Ahora consciente de lo que estás sintiendo comienza a **llenar la zona afectada** con luz verde.

7) Saca a través de la **respiración** lo que esté enfermando tu cuerpo.

8) Ahora concéntrate en comenzar a sentir **bienestar**. Crea esta sensación a través de la imaginación. Vete, siéntete sano, en bienestar total. Imagina cómo tu cuerpo se mueve, se siente, se ve feliz, cómo está libre y en plenitud.

9) Mantente en esta **vibración** del deseo cumplido. Sonríe con los ojos cerrados, goza, imagina y crea en tu mente aquello que te haga sentir tal y como te gustaría sentirte en salud total.

10) **Agradece** en tiempre presente tu cuerpo 100% sano.

11) Quédate en este estado el tiempo que desees, luego **respira profundo** y ve abriendo los ojos y reactivando todos tus sentidos.

Hacer este ejercicio con **frecuencia** ira generando **nuevos caminos neuronales y bienestar** a tu cuerpo.

Éste es el efecto contrario a cuando tu mente trae al presente el recuerdo de una **experiencia desagradable** vivida en el pasado, las emociones registradas volverán a vivirse como si estuvieran ocurriendo en el presente sólo que éstas **serán de baja vibración**.

En realidad, estamos muy acostumbrados a irnos al pasado, así que ya sabemos cómo actúa nuestra mente, sólo que el contenido ahora será distinto. En lugar de un recuerdo que provoque **sufrimiento** será la creación del cachito del futuro que quieres vivir en estado de total salud y bienestar, que es el que crearás. En inglés dicen *Fake it until you make it.* **Falso hasta que se haga verdadero.**

La sanación está en ti.

Esto **no es un acto de magia**, es un acto natural. Si causamos un efecto es porque generamos una causa y ahora es momento de revertir el proceso y así como llevó su tiempo provocar la enfermedad, **llevará un tiempo revertirla**.

La enfermedad se manifiesta en el cuerpo mucho tiempo después de que ésta fue incubada en el alma debido al impacto sufrido a través de **emociones de baja vibración**. Así que sanar nuestro cuerpo físico es un

proceso que requiere constancia y que puede ir acompañado por tratamientos de medicina natural o alópata. En ningún momento te diría que no hay que seguir las indicaciones de tu sanador o de tu médico, pero es importante destacar que si no cambiamos el chip de las emociones y el pensamiento negativo que las generaron es muy probable que la enfermedad vuelva a presentarse o que no exista **cura** en el presente y ésta **sólo depende de ti**.

Hoy sabemos de la existencia de los **cuatro cuerpos**, recuerda que son los siguientes: físico, mental, emocional y espiritual, y aunque aún existen personas que no los reconocen, **cada vez existe más gente que está abierta a darles atención al mismo tiempo**, de manera integral y con ello causar sanación, mayor placer y bienestar en su vida.

Te comparto una experiencia con la que me quedé asombrada, puedes creer o no en la reencarnación, en el espacio energético que creamos tú y yo con este libro, **somos libres de expresar nuestras creencias sin ningún juicio** y por eso te comparto lo vivido. Yo sentía que mi cuerpo estaba dividido, tenía una sensación de que mi cuerpo y mi cabeza no se conectaban completamente y decidí buscar una terapia alternativa y practiqué una sesión de reiki. Dentro del reiki existe un proceso que se llama The hipno, en el que estando acostado, con los ojos cerrados en plena consciencia, el sanador introduce **símbolos de reiki** en la coronilla y en la nuca, lleva tu atención a tu tercer ojo, después de respiraciones profundas, te pide que caigas en algún área del cuerpo. Mi mente se fue de inmediato a mi pierna izquierda, en especial a mi muslo, empecé a sentir calor y frío en todo mi cuerpo, comencé a ver luces roja, naranja y amarilla y de repente **vi la imagen de mi madre cuando yo tenía tres años y de ahí me fui a la Edad Media**, en donde yo sabía que era yo, pero era una mujer de 15 años delgada, piel blanca, pelo largo rubio y portaba un vestido ligero color blanco. Corría en un lugar abierto lleno de girasoles y a la sombra de un gran árbol estaba un muchacho de mi edad pelo negro, ojos negros, piel blanca y dientes muy lindos. Era un día soleado comenzábamos a besarnos, a retozar en la hierba cuando de repente **sentí una sombra y el frío que provocaba**. Abrí los ojos y estaba un señor feudal, al que tenía la sensación de pertenecerle, pero no era mi esposo. Al verlo sentí miedo y más cuando con toda fuerza y decisión me arrancó de los brazos de ese joven y lo mandaba matar mientras a mí me aventaba al piso lleno de furia y celos.

Este recuerdo era tan fuerte y real que me sacudió, no era como cuando sueñas que hay elementos mezclados de otras realidades, aquí **el recuerdo era tan real como lo es la vida**, era igual este momento que al estar escribiendo puedo ver todo el mundo que me rodea sin ver mi propia cara.

Al salir de este proceso, estaba en shock, era algo totalmente "nuevo" para mí, no para mi alma, según lo entendí después. Me fue mostrada una vida pasada **con el propósito de entender por qué me sentía dividida** y qué papel jugaban dos personas con las que convivía en esta vida, y que por cierto se odiaban. Lo más curioso es que ese recuerdo estaba impregnado en mi muslo izquierdo.

Esta experiencia fue tan maravillosa que decidí escribir mi libro llamado *Luna negra*, claro que en esta publicación ya entró mi imaginación como escritora e **hice una novela basada en esta experiencia**.

Así que podrás tacharme de loca, **creer que las vidas pasadas no existen**, que fue mi imaginación, eso no importa, aquí lo que sí es relevante es que en el cuerpo se quedan improntas de lo que vivimos todos los días de nuestra o nuestras vidas.

De ahí el auge que actualmente tiene la **biodescodificación** o bioneuroemoción, medicina alternativa que busca encontrar **el origen metafísico y el significado emocional** de las enfermedades partiendo de que cualquier síntoma en el cuerpo corresponde a una impronta emocional generada en algún momento de nuestra vida. Llegar al instante en que quedó atrapada en el cuerpo esa experiencia que impide el **correcto fluir de energía**, ayuda a la **sanación** al sacar del inconsciente **el momento traumático** que ha dado origen a la enfermedad.

Pensando en esto **imagina lo que el estrés** (el cortisol) **hace en tu cuerpo** si lo sometes horas, días, semanas, meses y años a él. Generar la hormona de la oxitocina, que se crea con las emociones armónicas, sería nuestra meta para además de la alimentación y el ejercicio **gozar de mayor salud en el cuerpo** físico.

La salud de nuestro cuerpo depende de nosotros.

El otro, mi espejo

Partiendo del principio de que los seres humanos **somos seres interdependientes**: todos nos convertimos en **espejos de todos**.

El otro está ahí porque **algo tengo que aprender de él o de la situación**. Porque las almas deciden encarnar bajo **contratos kármicos** de aprendizajes mutuos, en donde a cada una le toca **desempeñar un papel en nuestras vidas**. Así nos vamos complementando, espejeando unos a otros para lograr dar un paso más en nuestra evolución.

Y seguro me dirás: "¡No, inventes!, ¿ah poco yo atraje a esa persona que me agredió, esa **relación tóxica o esa situación traumática** a mi vida?" Entonces, la respuesta es sí.

En mi **época de mujer pefecta**, conocí a un hombre del que me enamoré perdidamente. Sin darme cuenta me convertí en la princesa perfecta, en la queda bien constante, como era mi tendencia. Metida en mi mecanismo para obtener amor caí en una **relación tóxica**, en la que él despertaba mi **mayor sombra**: celos, deseos de control, miedo a perderlo, manipulación. Por más que yo hacía, esa era una constante en la relación y lo curioso es que se generaba tanta **adrenalina** entre nosotros que **comencé a ser adicta al conflicto**, ante el que yo como mujer perfecta terminaba cediendo. No podía reconocer que yo **no me estaba amando**, permitiendo esta situación, al ser incapaz de poner límites.

La relación tenía un alto costo emocional, pero ahí seguía confundiendo amor con pasión. Dicen que una persona no desea salirse de una situación cuando hacerlo tiene un **mayor costo emocional**, que la incomodidad e incertidumbre que provoca el quedarse, y tienen razón. Me sentía **drenada**, **sobrepasada** y hubo un punto en el que había **más lágrimas que sonrisas**, pero yo continuaba ahí aunque estuviera muy lejos de la miel sobre hojuelas del principio. No obstante, la situación se volvió insostenible, un día me decidí y puse límite, dije: "Si esto continua es mejor que terminemos", claro que estaba muerta de miedo. Por fortuna, al menos eso creí en aquel momento, me dijo: "No te vayas, no me dejes tienes razón, **yo voy a cambiar**".

Mi corazón en ese instante **se relajó**, y se puso feliz de que no me hubiera tomado la palabra, sólo que él **no pudo cambiar** y a la semana llegó y me dijo: "Tienes razón, mejor tronamos".

Y yo que ya había quitado todas mis defensas y me había vuelto a entregar a la relación, ¡me morí!, sí, me morí un rato, no podía ni respirar del dolor, no podía resistir su ausencia, **no podía verme sin él a mi lado**, sin lugar a dudas estaba buscando que él me amara como yo no me estaba amando.

Caí en un **hoyo abismal**, toqué fondo y justo ahí comenzó **mi despertar**. En medio de tanto dolor **empecé a pedir ayuda**, leí cuanto libro me daba una esperanza y comencé a darme cuenta de que la que estaba mal era yo. Que en mi afán por ser perfecta **me había perdido en el camino**. Era tal mi necesidad de sentirme amada que me había adaptado a él, cediendo mi poder con tal de seguir siendo ante sus ojos una niña de diez.

Ya adentrada en mi despertar y en **mi camino espiritual** me di cuenta de que no era la primera vez que cedía mi poder personal a alguien, que en busca del amor de pareja en algunas ocasiones había caído con **hombres que pretendían** controlarme y cortarme las alas, porque yo, en esos momentos estaba siendo una mujer que no se amaba lo suficiente. Esas exparejas sólo habían sido el espejo para que yo me diera cuenta de **mi falta de amor propio** y de que la tan anhelada perfección no existía, que era cierta la frase que un día leí y que decía: **"cuando nos negamos a mirarnos, la vida nos pone espejos que confundimos con problemas o enemigos"**. De tal forma que así como cuando te ves despeinada en el espejo, no peinas al espejo sino a ti, no era momento de tratar de arreglar a los demás, como lo había intentado hacer cientos de veces, sino a mí.

Ya te imaginarás lo que fue salir de ese duelo, **reencontrarme**, tomar cada uno de mis pedazos y pegarlos. Pero eso que en un principio fue la debacle emocional, un gran desafío, resultó ser **una gran bendición**, la de empezar a verme como mujer, la de empezar a amarme, la de empezar a hacerme responsable de mis emociones y de mi mundo, la de empezar en consciencia la **conexión con la Luz**.

A esta bendición me refería cuando te mencioné que detrás del ego existe una **bendición**. La de **evolucionar**, la de convertirte en el amo de tu ser, la de no ceder tu poder personal, la de **aceptar tu imperfección** porque cuando te cachas en una creencia y conducta limitante ahí surge la oportunidad de conquistarla y trascenderla para así, poco a poco irte convirtiendo en una mejor persona. De hecho ésta es la razón de la existencia del ego, darnos la oportunidad al conquistarlo, de **tener un mayor crecimiento interno**.

Pero bueno continúo con mi historia. Ese hombre apareció de nuevo, tengo una amiga que riendo dice que los hombres siempre vuelven, a veces por desgracia. Yo ya estaba en **proceso de sanación**, pero aún sin tanta fuerza, así que cuando regresó a pedirme que volviéramos lo dudé muchísimo, era tal su insistencia que pensé en regresar, pero una voz interna me decía: "Resiste... resiste. No caigas en lo mismo, como lo has hecho otras veces".

Y agarrándome de todo lo que podía, de la fuerza interna que se iba construyendo, no retomé la relación aunque una parte de mí me decía que lo hiciera. Lo curioso del caso es que volvió varias veces a buscarme, pero **yo cada vez me amaba más** y en cada ocasión me resultó más fácil mantenerme, porque el amor se despierta desde dentro, no desde afuera.

Ahora no es tan fácil, ni creas que desde la primera vez que logras ver una creencia limitante y la cambias por una empoderadora, ésta ya se quedó instalada en ti y se borró la anterior. Aquí tambien se necesita constancia, por eso la frase de **"Tropecé con la misma piedra"**.

Según yo ya estaba muy **centrada**, muy recuperada, muy fuerte cuando llegó otro hombre a mi vida. Era tan parecido en actitudes al anterior, era encantador, era de esos hombres que te resuelven la vida, que llegan con tanta energía masculina que seducen, pero que al estar más consciente de mi mecanismo de "queda bien", no me dejé ir con la mujer perfecta que acepta todo con tal de ser considerada linda, sino que pude percibir que detrás de su actitud había también un hombre que me ofrecía una jaula de oro, con la que venía una buena dosis de control y manipulación muy parecida a la vivida con mi anterior pareja. Recuerdo que hubo un momento de duda y enojo en mí y volteé al cielo y dije muy molesta: "¿En serio? ¿Me mandas lo mismo, pero recargado?" Porque este hombre además no era libre, estaba casado. Claro que con la promesa de "me divorcio si me dices que sí", como le hacen muchos. ¡Ay, ajá!

Yo ya estaba consciente de la pregunta: ¿qué hace esta persona en mi vida?, ¿por qué aparece en mi película?, ¿para qué?

Y en un segundo de reflexión me quedó muy claro, era la prueba que necesitaba para realmente comprobar si lograba no repetir el patrón, si ya había desarrollado la fuerza interna de no caer en el mismo juego que las relaciones tóxicas anteriores, y si ya había logrado desarticular mi mecanismo de mujer perfecta que iba a aceptarlo con tal de recibir el amor que no podía darme yo misma.

Dicen que en el principio está el final de una relacion. Que si estamos conscientes de **cómo inicia una relación** podemos saber **hacia dónde va**. Así que en este caso estaba claro que **esta historia iba a terminar mal**, muy mal, porque estaba a punto de repetir la misma historia con un hombre casi idéntico al anterior, aunque en situación más complicada. Por fortuna, ya había despertado y **tenía la fuerza para poner mi integridad emocional primero**, ya me estaba amando y a pesar de su insistencia por más de un año tuve la fuerza para decir: **"No, gracias"**, y seguir mi camino.

¿Por qué te cuento esto? Porque si te das cuenta la vida es así. Te va poniendo **experiencias similares hasta ver si aprendiste la lección** y si no la aprendiste la piedra que te pone es cada vez más grande. Claro que cuando logras cacharte, la piedra se va haciendo más pequeña hasta que desaparece, para luego aparecer **una nueva que te marcará el nuevo aprendizaje**, porque a esta vida venimos a evolucionar y por eso estamos en constante conquista de nuestro interior.

A eso me refiero cuando te digo que todos somos un espejo. En cada encuentro, en cada experiencia, **en cada vivencia hay algo que aprender** y no sólo eso, sino que **las pruebas se incrementan justo cuando estamos a punto de superar una situación**, porque es la forma con la que la respuesta emocional que nos condicionó, drenó y causó tanto apego y dependencia en el pasado pierde fuerza.

En un curso de desarrollo humano que tomé me compartieron la **Ley del espejo**, le hice ligeros cambios para mostrártela, ya que me parece muy interesante y sobretodo aplicable a nuestra manera de actuar.

El otro me refleja mi luz y mi sombra.

Ley del espejo

PRIMERA: Todo lo que me molesta, enoja o deseo cambiar del otro **está dentro de mí** y tengo que trabajarlo e integrarlo en mí.

SEGUNDA: Todo lo que me critica o juzga el otro, si me molesta o hiere está **reprimido en mí** y es parte de mi **sombra**.

TERCERA: Todo lo que el otro me critica, señala, juzga o quiere cambiar de mí, si no me afecta **le pertenece a él**.

CUARTA: Todo lo que me gusta del otro, **lo que amo de él también está dentro de mí**. Reconozco mis cualidades en otros y es parte de mi **luz**.

El *apego*

El apego según los budistas es una de las **principales causas de sufrimiento**. Estamos apegados a un mundo material y emocional que nos consume. **Aprender a vivir ligero es uno de los mayores retos que tenemos**, porque tendemos a hacer de las cosas materiales y de quienes nos rodean nuestras posesiones. Nos aferramos a aquello que nos da identidad y sentido de permanencia con uñas y dientes; nos es muy difícil aceptar que en realidad nada, ni nadie nos pertenece, que a este maravilloso viaje que es la vida llegamos y nos vamos solos, que la libertad radica en estar sin apegos, y vaya que éste es un gran reto en una sociedad como la nuestra. Nuestra profunda necesidad afectiva nos lleva a apegarnos y a sufrir por miedo a perder lo que creemos nuestro, cuando en realidad nada lo es.

Tenemos **resistencia** al cambio, incluso al **cambio interno**. Estamos tan identificados con nuestras creencias limitantes, con nuestras máscaras y nuestra personalidad que soltarla nos apanica. Si siempre había sido la niña de diez, quién seré ahora, cómo me manejaré en la vida sin la "perfección" que me validaba. Disolver, reaprender, **redefinirnos** desde un lugar de mayor poder personal es un reto y el otro o la situación que está frente a nosotros son vitales en este proceso porque tienen la función de **ayudarnos a evolucionar**.

Resulta claro que **necesitamos de otros para existir**, que no somos islas, pero esto es muy diferente a que el otro se convierta en mi razón de existir. Depositar mi felicidad y sentido de vida en lo que está fuera de mí me conduce al sufrimiento. Darnos cuenta de que en **realidad nada de lo que está en el exterior es nuestro**, nos aterra. Nos desgastamos tratando de acumular personas y bienes, cuando sabemos que a esta vida vinimos solos y **nos vamos solos**.

Incluso llegamos a extremos como hacer del otro nuestra droga y reaccionamos a su presencia con tal adicción, que **perdemos el control de nuestro ser** y el rumbo de nuestra vida.

Aprender a vivir ligero es un gran reto.

En occidente nos resulta más difícil el **desapaego**, no nos han educado para incorporarlo en nuestra vida, al contrario, pero estar conscientes de que existe nos puede dar claridad sobre lo que estamos viviendo al preguntarnos:

¿Lo que siento por tal persona es **amor o apego**?

¿Mi **dependencia** a ciertas cuestiones materiales es porque lo disfruto o por apego?

¿Estoy metido en esta situación porque en realidad **quiero estar** o es miedo a soltar?

¿No me voy de la **relación** porque lo amo o por apego?

Al encontrar la verdad en estas preguntas nuestros apegos quedarán al descubierto, se debilitarán y nuestra manera de percibir el mundo será distinta. Comenzaremos a **valorar más el ser que el tener**, aprenderemos a fluir con la vida, con los cambios y con las personas que nos rodean. Nuestra realidad comenzará a cambiar y aparecerán personas y situaciones que reflejen nuestro **nuevo estado mental**, nuestra nueva frecuencia vibratoria, mientras no sea así seguiremos reflejando el mismo mundo y topándonos con las mismas piedras.

Debido a nuestro condicionamiento, no nos resulta fácil mantenernos objetivos. Tendemos a quedarnos atrapados en una situación alimentando, con nuestra insatisfacción y con nuestra sombra, al **hoyo negro de la negatividad** en el que se puede permanecer semanas, meses y años, a pesar de que salir de ahí sólo depende de nuestra decisión.

El reto radica en experimentar lo que estemos viviendo con el mayor desapego, con la **mayor distancia crítica**, sin emitir juicios ni externos ni internos. Observando las emociones y los pensamientos al mismo tiempo que lo que ocurre en la realidad.

Cambio

Lo cierto es que aunque sepamos que el cambio es parte de la vida, **nos da terror** enfrentarnos a éste. Cuántas veces hemos oído que cuando se cierra una puerta se abre una ventana. Sólo que pocas veces queremos que se cierre la puerta. Decimos que los cambios son buenos, pero a la hora que toca vivir uno no siempre reafirmamos este pensamiento.

Lo queramos o no la vida es un constante cambio, por ello la importancia de aprender a vivir en desapego. A veces sentimos que los días pasan y pasan y no los hay, pero no existe un solo día igual. El cambio es tan suave que no lo percibimos, por eso cuando llega un **cambio drástico**, de esos que te cambian literalmente la vida no sabemos cómo reaccionar. Nos aferramos a la situación conocida y somos capaces de vivir instalados en el pasado con tal de no soltar. Pero aun detrás de esos momentos donde la vida cambia 180°, **la manera en la que enfrentamos** la situación hará la diferencia.

Nuestro ego alimenta nuestro deseo de control, pero como ya vimos fuera de nosotros no controlamos nada y tenemos que aprender a vivir con la **incertidumbre** como amiga. Esa incertidumbre que implica no saber qué ocurrirá en el siguiente segundo, ni qué consecuencias reales traerá una decisión tomada, y mucho menos si **mañana estaremos en este mundo**. La incertidumbre es parte de la vida y aprender a vivir con ella es un gran **desafío** que sólo podemos enfrentar incorporando la certeza.

¿Qué certeza? La de que **nuestra alma siempre está en donde tiene que estar**, siempre está en el lugar correcto. Ahí en donde tiene la oportunidad de avanzar, de **evolucionar**, de aprender. Cuántas veces hemos visto que una persona por haber dado dos pasos no sufrió un accidente, cuántas veces alguien sufre una enfermedad terminal y al librarla afirma que encontró el sentido de la vida, cuántas veces cuando se cerraron todas las puertas sólo se trató de redireccionarte para encontrar un nuevo camino o cuántas veces la vida te sorprendió con el encuentro de una pareja amorosa en un cruce de vidas que era casi imposible de darse.

El alma siempre está en donde tiene que estar.

Y, ya sabes, cuando te toca aunque te quites y cuando no te toca aunque te pongas. Así que estés viviendo lo que estés viviendo ten la certeza de que **ahí está el desafío que conlleva una bendición oculta** que sólo descubrirás con el tiempo. Ten la certeza de que si extraemos la esencia y el aprendizaje de lo vivido siempre nos llevará a un **mejor lugar interno.**

Porque la certeza implica también la elección consciente de ponernos al servicio de la Luz para que ésta actúe a través de nosotros. Esto nada tiene que ver con ninguna religión, ni fanatismo, sino con el **compromiso propio de actuar por el bien y para el bien**, desde el lugar sagrado de nuestra conexión divina. Y está claro que en este mundo se necesitan muchas luces encendidas para elevar nuestra frencuencia vibratoria como humanidad, para contrarrestar el caos y el mundo agresivo y hostil que a veces se despliega ante nuestros ojos.

La vida por default o por diseño

En la psicología tradicional se dice que **infancia es destino**, que la experiencia recibida en los primeros años de vida te marca y que es determinante. Que la influencia de los padres o figuras paternas es tan importante que a ellos debemos todos nuestros **traumas**, nuestras **heridas emocionales** y nuestra **falta de amor**. Y por ende desarrollamos mecanismos de defensa para lograr subsistir.

Debemos reconocer que hay una parte que así es, **la relación con los padres deja huella en nosotros** y no conozco a ningún ser humano que esté libre de alguna de las heridas emocionales provocadas en la infancia, todos hemos tenido que **desarrollar mecanismos para obtener amor**, pero el problema ha sido quedarnos hasta ahí, con esta creencia determinista que hace que pasen los años y sigamos achacando nuestros problemas a nuestros padres y que haya personas que a los 40 o 50 años sigan reclamándoles que no recibieron amor y justificando de esta manera todos sus comportamientos, de la misma manera como lo haría un personaje que tuviera la forma de reclamarle al escritor porque le dio cierta psicología.

Pero existe también una **teoría espiritual evolutiva** que incluye **nuestra misión y propósito de vida**. En ésta se habla de que antes de nacer, nuestras almas hacen un contrato en el que deciden qué papel, rol y aprendizaje llevarán a cabo en esta tercera dimensión. Y por ello cada alma dependiendo de su vibración encarna en un bebé que nace en la familia idónea que creará el ambiente necesario que le brinde la oportunidad de evolucionar. Es decir que **tu alma decidió en qué país, lugar, tiempo y familia iba a llegar**.

Ya sé que algunos al leer esto dirán: "Martha estás loca, cierro el libro en este instante", pero no, dame chance y sigue leyendo, porque compartas o no esta creencia sobre el origen de la vida, lo más importante aquí es que finalmente la idea es que **cada uno creyendo lo que haya decidido creer, se haga responsable de su propia vida**, se salga de los lineamientos recibidos por *default* y diseñe su propia existencia.

Así que sigo... desde niña siempre me pregunté: "¿qué hago aquí?, ¿por qué vivimos?, ¿por qué me tocó vivir en México y ser morena clara y no en África con la piel negra?, ¿por que dentro de una familia como la mía y no como hija de los reyes de España o en una comunidad en Brasil?" Eran tantas mis **preguntas existenciales** desde muy niña que mi papá me puso la niña del ¿porqué? Porque al pobre no le daba tregua. Ni él ni mi madre podían contestarme estas preguntas porque ellos no habían tenido las inquietudes existenciales que en mí se despertaron desde temprana edad. Así que ya te imaginarás sus caras ante mis preguntas y el porqué para ellos era la hija "rara" que **les cuestionaba cosas sin sentido**.

Yo hoy **podría seguir atorada sintiéndome víctima de la situación**, reclamándoles a mis padres su desamor, compadeciéndome, **mendigando el amor afuera a cambio de ser pefecta y adaptándome a las necesidades de todos** con tal de ser querida, peroooooo cuando hice consciente que mi alma había decido encarnar en una familia en específico, que mi alma había elegido a mis padres y mis hermanos **para venir a evolucionar y aprender**, me di cuenta de que eso, que en algún momento había sentido como "negativo", era en realidad un gran regalo, porque justo ahí estaba **mi posibilidad de evolucionar** y de trascender mi propia historia, al salirme de las estructuras conocidas y exigencias autoimpuestas de la perfección.

Aún recuerdo el momento cuando llegó a mí este conocimiento, incluso lloré de la emoción, porque en un solo instante **dejé de vivirme como una víctima de las circunstancias** y simplementeme llené de agradecimiento a mis padres y a todas las personas con las que mi alma había hecho el contrato de **coincidir en esta vida**. Entendí que cada situación vivida y las exparejas que había tenido habían traído las **experiencias justas que yo necesitaba vivir**, ya que a pesar del dolor y del desamor hoy era una mejor persona que la que había sido antes de su presencia en mi vida. **Sin ellos no hubiera sido posible el aprendizaje**.

Sé que hay situaciones extremas que pueden llevarte a cuestionar **cómo un alma decide eligir una situación tan difícil** como un padre abusador o vivir carencia absoluta, pero el alma siempre viene a **evolucionar** y nos vamos a enfrentar en la vida con aquellos desafíos que al transitarlos podemos sacar lo mejor de nosotros y convertirnos en mejores seres humanos si así lo deseamos. Pero más allá de que compartas esta creencia o no, es un hecho que no todos deciden buscar el aprendizaje detrás de lo vivido, muchos prefieren seguir victimizándose y calificar las experiencias como un fracaso. Cada quien su proceso, pero es innegable que de cada experiencia y de cada persona con la que nos cruzamos **aprendemos algo** y en nosotros está aprovecharlo o no.

Por eso se afirma que los padres, las parejas y los hijos son nuestros mejores maestros, porque al estar tan cerca de nosotros son nuestros más grandes espejos, encarnan **nuestros mayores desafíos** y, por tanto, **nuestra mayor posibilidad de crecimiento**.

¿Ves por qué no podemos enjuiciar a nadie?, ¿por qué tenemos que **mantenernos neutrales ante nosotros mismos** y ante lo demás? Muchas veces nos convertimos en nuestros peores jueces, somos mordaces y duros con nosotros mismos, **muchas veces criticamos las conductas y las acciones de otros con gran ligereza** sin estar conscientes de que cada uno de nosotros hace lo que puede con las herramientas que tiene en el momento que está viviendo.

Tenemos que partir de que **en nosotros está todo lo que necesitamos para nuestro despertar**, no estamos mal ni llegamos a esta tierra defectuosos, estamos en proceso y cada uno de nosotros se irá relacionando con personas y viviendo situaciones que tienen que ver con la frecuencia vibratoria alcanzada o disminuida por nuestro pensamiento y sus emociones.

Nosotros atraemos lo que somos,
no lo que fuimos ni lo que seremos.

La vibración que cuenta es la de ahora y saberlo nos da una gran ventaja, porque si cuidamos nuestros pensamientos nuestra vibración sube. La emociones que se desencadenan serán de mayor calidad, si no lo hacemos las de vibración de baja densidad nos podrán llevar al abismo emocional. Estar conscientes de la ley de atracción es muy importante.

Nuestra vibración llama y atrae, o rechaza y repele y con base en esto se alinean en nuestra vida personas o experiencias así que entre más alto vibremos, entre más alineados estemos con la luz y el amor, lo que manifestaremos en nuestra vida nos conducirá a un mejor lugar interno y externo.

Es mentira que los opuestos se atraen, son los iguales los que lo hacen. Sentir amor incondicional por los demás atraerá más amor a tu vida. Entre más armonía creas en tu interior más personas armónicas llegarán. Se crea una especie de trueque energético en él se establece la regla de que entre más das, más recibes.

Como verán no se trataba, como en un tiempo se nos dijo, que con sólo desear se conseguía, se manifestaba, se trataba de trabajar en nuestro interior porque si vibramos más alto nuestras emociones también lo harán al igual que lo que se esté presentando en mi vida en este momento.

Esa es la razón por la que "aparentemente" de la nada se vayan de nuestra vida personas, trabajos, situaciones **porque ya no vibran con nosotros**. No es fácil porque a veces queremos aferrarnos a eso que teníamos, los apegos con ciertas personas son fuertes y nos causa sufrimiento su partida. Pero aprender a soltar, a confiar y tener certeza de que por algo es, de que se trata de nuestro más alto bien, es nuestro mayor reto.

Siempre ha habido una gran discusión sobre **qué tanto la vida está predeterminada y qué tanto ejercemos nuestra libertad o libre albedrío**. En mi opinión creo que es parte y parte. Tengo un amigo que dice que cuando las cosas son de Dios sólo hay un camino y no te deja ninguna opción, pero cuando las cosas son del hombre hay dos o más senderos a elegir.

Lo que significa que sí o sí habrá cosas que van a suceder, eventos mágicos o difíciles que tendremos que pasar, hoy entiendo, según nuestra alma tenga que aprender y haya elegido, pero que también ante ti se abrirá un abanico de posibilidades en las que te tocará a ti decidir.

> **¿Decidir qué?**
> • Decidir qué camino tomar, el del amor o el del miedo.
> • Decidir ser causa o efecto.
> • Decidir ser proactivo o reactivo.
> • Decidir tener una vida por *default* o por diseño.

Expectativa

Otra cuestión que nos causa un profundo sufrimiento son las expectativas. Como ya vimos no tenemos control de lo externo, las expectativas pueden causarnos dolor cuando los resultados no son como nosotros queremos, pero la vida es así, no todo es como lo deseamos, así que hay aprender a dar todo de nosotros en lo que estemos haciendo y aprender a soltar el resultado, porque de ése no tenemos control. El resultado aunque nos sea difícil de asimilar será lo que sea mejor para nosotros. No todo es como lo queremos, pero sí como lo necesita nuestra alma.

Y cuando hablo de dar todo es dar de verdad el cien por ciento. Tú sabes internamente cuando lo das todo o cuando esperas un gran resultado desde la comodidad de la conformidad, con aquella creencia que se nos inculcó que dice "Dios dirá", se nos olvida otra que también dice "Al que madruga Dios le ayuda". En la primera volvemos a vivir la Luz fuera de nosotros, dejándole a un ser superior que resuelva nuestros problemas, en la segunda es nuestra propia luz la que va a generar un cambio.

Además existe un fenómeno muy curioso, el universo siempre quiere darnos más, pero para darnos más nuestro deseo tiene que ser mayor. Generalmente, **cuando caemos en nuestra zona de confort algo sucede que nos empuja a salir de ella**, y cuando nos resistimos al cambio las emociones negativas comienzan a tomar control, nuestra vibración baja y nuestras ganas disminuyen. Oírnos, y retomar nuestro verdadero deseo, nos motiva a encontrar nuevos caminos de acción y realización.

Podemos estar felices al tener una relación amorosa y armónica con nuestra pareja, pero cuando ésta cae en la monotonía nuestro deseo disminuye y solemos conformarnos con lo que hay, en lugar de trabajar en nosotros y en la relación. Hasta que un día descubrimos una infidelidad, un engaño, una mentira cruel y nuestro mundo se desmorona. Nuestro deseo de amor verdadero era mayor al que estábamos viviendo dentro de una relación desgastada, sólo que caimos en nuestra zona cómoda y nos conformamos con lo que se estaba dando, por ello la vida nos sacude para que volvamos a retomar nuestro deseo original y el camino del amor verdadero.

Soltar las expectativas nos es muy difícil, tendemos a querer controlar, a saber si algo fue "bueno" o "malo" de inmediato, pero el universo tiene su propio plan y sólo con el tiempo lo sabremos. Muchas veces el que te rompas una pierna impide que vayas a trabajar el día que hubo un accidente en la planta en la que laboras, que al coche se le ponche una llanta y no puedas sacarlo de tu casa, el día que hubo un embotellamiento de cinco horas, o que los pasajeros, de un avión al que no te subiste, tuvieron un accidente aéreo. U otras veces crees que te sacaste la lotería y que es un gran golpe de suerte y esa situación sólo te llevo a una crisis familiar, o te dieron el puesto que has deseado siempre y sucede que es tanta la presión que te lleva a un paro cardíaco. Bueno o malo, quién sabe. La vida se va viviendo como un rompecabezas del que no tienes la imagen completa y cada pieza la vas poniendo poco a poco hasta que un día al poner la última volteas y dices: ¡Wow, era un paisaje!, una pintura famosa o un elefante y **entiendes la razón** por la que sucedió algo.

Nada sucede por casualidad, **nada es gratuito**, existe un plan superior. A mí me ha tocado vivir una serie de situaciones difíciles, de pérdidas importantes, de momentos de infinito dolor que me llevaron a adentrarme en este conocimiento, que me llevaron a tratar de entender mi mente y mis emociones ante el deseo de tener una vida mejor y al hacerlo descubrí que yo era mi propio alquimista, que **sólo de mí dependía mi transformación interior** y que para ello necesitaba extraer el aprendizaje de estas experiencias y entender el para qué me había tocado vivirlas.

Y no se trata de hacer una competencia para ver a quién le ha ido peor, quién ha sufrido más, ¡no! Buda habló de dos caminos para el despertar de la consciencia, uno a través del sufrimiento y el otro a través del conocimiento. **No todos tenemos que sufrir para encontrar el camino, a través del conocimiento también es posible hacerlo**.

El alma de cada uno de nosotros decidió transitar los caminos que necesita para seguir evolucionando y acercarse cada día más a la LUZ. Por eso cada vez que me cacho teniendo miedo sobre algo, **cierro los ojos comienzo a respirar y recuerdo que soy un espíritu encarnando**, que mi verdadera esencia y mi conexión con la Luz ahí está a mi disposición y que sólo depende de mí volver a conectarme con mi interior y con el placer de vivir.

Así que no es gratuito que yo haya escrito este libro, ni mi encuentro con todos los maestros que compartieron su conocimiento conmigo y de alguna manera me "ayudan" a escribirlo, ni todo lo que tuvo que pasar para que se diera y mucho menos que tú lo estés leyendo. Porque has de saber que este libro estuvo a punto de no ser escrito, las puertas no estaban abiertas, pero en el momento indicado se abrieron con las personas con las que hoy comparto la misma vibración y por ello hoy es una realidad. Lo mismo ocurre contigo, **piensa por un segundo todo lo que tuvo que pasar para que tú y yo coincidiéramos en este momento**. Quizá viste que hablé de este libro en alguna entrevista, te lo topaste en una librería, alguien te dijo léelo o simplemente estabas navegando en internet y te apareció. Muchas situaciones ocurrieron para llegar juntos a este momento, el caso es que aquí estamos tú y yo compartiendo vida y encaminándonos a este despertar y esto es sincronicidad.

Nada sucede porque sí, nada es gratuito, nada es trivial. Todo importa, todo te refleja, todo tiene que ver con tu despertar, así que **tenemos que confiar no a ojos cerrados, sino a corazón abierto**; tenemos que dejar de tener miedo y entregarnos al proceso, abrir nuestra consciencia a la certeza de que el universo nos pondrá en la mesa lo que toque porque como bien dicen:

El universo no da puntada sin hilo.

Así que flojito y cooperando. Abre tu corazón a la luz y permite que lo habite con la consciencia clara de que todo es para algo, quita el "¿Por qué a mí?", quita el "Pobre de mí", quita "Los demás tienen la culpa", y **entregate al despertar de la consciencia**. Abraza el proceso, no pongas resistencia. **Lo que resistes persiste.** El desafío por duro que sea está ahí para ayudarte a crecer.

Reconoce que el mundo está lleno de posibilidades y que tú eres un diamante que tiene la fuerza y la belleza como parte de su ser, así que sólo de ti depende pulirlo para alcanzar su máximo brillo y valor.

Sólo cambiamos cuando decidimos hacerlo. Nuestra vida no es la suma de nuestras circunstancias sino la suma de nuestras decisiones. En nosotros está la posibilidad de crear la vida que deseamos y convertirnos en el cambio que queremos ver en el mundo.

Principio de realidad

En el camino de convertirnos en una mejor versión de nosotros mismos, existe un principio que es básico: **el principio de realidad**.

Y por principio de realidad **tu vida no es una *selfie* ni está en las redes sociales**. No sé si a ti también te pasa, pero muchas veces con tan sólo entrar a una red social comenzamos a sentir una especie de depresión interna porque todo mundo es tan feliz, tan perfecto, que de inmediato comparamos nuestra vida con las imágenes que alguien subió y que generalmente resultan estar muy lejos de nuestra realidad. Además, **es fácil que caigamos en el juego de la perfección en redes** y cuando alguien nos saca una foto lo primero que tendemos a decir es "No se te ocurra subirla sin un filtro" o si queremos vernos más flacos utilizamos el photoshop aunque al reducir la imagen para que nos favorezca nosotros, la persona que estaba a nuestro lado termine luciendo como un tamal mal amarrado, total será problema de ella. O cuántas veces hemos puesto dos copas con vino en primer plano teniendo de fondo un atardecer precioso para que los demás piensen que estamos con alguien aunque estemos solos. ¿No me digas que nunca lo has hecho? Yo confieso que yo sí y ¡qué oso! ¿No? O cuántos de tus amigos sabes que están pasando por un mal momento o que están pésimo con su pareja, pero en las fotos, que suben a la red, todo parece miel sobre hojuelas.

La imperfección no es bien recibida, no está de moda. Casi nadie postea sus depresiones, sus momentos de ira, sus envidias, sus canas, sus lonjas o su celulitis. Todos subimos lo "bello", lo "perfecto" de "nuestra realidad" y la mejor imagen de nuestro cuerpo, aunque a veces sea lo mas irreal del mundo. Sin darnos cuenta ponemos nuestra valoración en lo que está fuera de nosotros, en los *likes* que recibimos y no dentro de nosotros, haciendo que nuestras redes se conviertan en una verdadera pesadilla y en una gran competencia. Porque literal **hay personas que basan su "éxito" por el número de seguidores y comentarios positivos en sus cuentas**. Aprender a amar lo que es, independientemente de los *likes* que recibimos, es uno de los mayores retos que tenemos.

En occidente es impensable, pero existen otras culturas en las que se valora la imperfección. En Japón, por ejemplo, existe **una técnica milenaria basada en el budismo zen llamada Wabi Sabi que pondera la belleza de lo imperfecto, de lo defectuoso o lo inacabado**, porque en la naturaleza:

- Nada es perfecto.
- Nada es permanente.
- Nada está completo.

Por tal motivo si un jarrón se rompe en lugar de tirarlo y comprar otro, lo pegan y le ponen oro en las grietas para que éste tenga mayor valor, porque las "cicatrices" del objeto hablan de la antigüedad de esa pieza. En nuestro mundo occidental esto es inconcebible, tendemos a **tirar lo que creemos que ya no sirve, tapamos nuestras cicatrices a toda costa y no nos gusta ver nuestra realidad tal y como es**. Y esto presenta un gran problema porque nos está llevando a la no aceptación de nuestra realidad, pero también a la no aceptación de nosotros mismos.

Y muchos me van a decir, seguro tú tienes una vida perfecta, pero no me puedes decir que acepte mi vida cuando: mis hijos no me hacen caso, mi marido me es infiel, mi cuerpo está enfermo, no tengo trabajo, un amigo me traicionó, mi novia no quiere tener relaciones sexuales conmigo, etcétera, etcétera, y ¿así quieres que yo acepte mi realidad? Pues, la respuesta es sí. **Tenemos que aprender a ver nuestra realidad, sin maquillarla porque sólo viéndola con toda su crudeza y realismo podemos transformarla**.

La transformación sólo es factible cuando vemos que hay algo que se puede transformar. Es como un alcohólico, hasta que él no puede verse, reconocer su adicción y afirmar: "Soy alcohólico", no hay posibilidad real de someterse a un tratamiento de desintoxicación efectivo. Fue hasta que yo dije: **"Hola, soy Martha y tengo el síndrome de la perfección"**, que pude empezar a trabajar en éste. Es justo en la aceptación en donde comienza la sanación. Reconocer el problema es el primer paso de la transformación alquímica.

Ya se podrán imaginar lo que fue para mí dar este paso, de ser la niña perfecta a comenzar a reconocer todas y cada una de mis imperfecciones, de haber endosado la responsabilidad de mi vida a todos los que me rodeaban a aprender a verlos como espejos y maestros de mi vida. No ha sido fácil, pero lo que sí te puedo asegurar es que hoy soy una mujer más consciente, más despierta y más feliz.

El rechazo de nuestra imperfección destruye nuestro poder personal y la conexión con la alegría. **Imagina cuántos años estuve desconectada del placer de vivir y de mi propio potencial. ¿Tú tambien estás desconectado?**

Así que ovación de pie y agradecimiento absoluto a cada puerta que se cerró, a cada persona que marcó mi vida, a cada experiencia vivida, porque sin ello no estaría aquí siendo quien soy ahora y mucho menos abriendo mi corazón para con ello conectar con otros que están en mi mismo camino.

La realidad es una y ésa no podemos cambiarla, pero cómo la percibo, con qué lentes la veo, bajo qué creencias la interpreto, sí. **Sólo así puedo tener la capacidad de aceptar mis imperfecciones, detectar mis mecanismos para obtener amor, iluminar mi sombra y por tanto convertime en una mejor versión de mí misma.**

Ver en qué está ocupada mi mente, y detectar qué emociones me provoca, me permite diseñar mi realidad y por tanto convertirme en el arquitecto de mi destino. **Muchas veces repetimos los dichos populares sin analizarlos realmente y cuando alguien logra ver su profundidad entonces nos asombramos.** En la actualidad muchos estudiosos del pensamiento han descubierto que en donde está tu atención, está tu energía y en donde está tu energía eso crece o, lo que es lo mismo en el argot popular: "Al ojo del amo engorda el caballo".

Y es verdad... ¿te ha pasado que te cortas con una hoja de papel la yema del dedo y todo el día estás pendiente de él?, cuando normalmente no es así. Le ponemos tanta atención a la nueva sensación corporal que pareciera que el dolor no nos deja concentrarnos en nada más, lo mismo ocurre cuando dejamos ganar al ego y éste nos infunde miedo. Lo que en un principio era una incomodidad termina por convertirse en una obsesión que no nos deja ni dormir. Poner atención en nuestras imperfeciones nos lleva a verlas más grandes y muchas veces a sentirnos incompetentes e inseguros para realizar una actividad o para relacionarnos con alguien, por eso nos cuesta tanto trabajo aceptarla. **Nos sentimos tan imperfectos que creemos que no somos lo suficiente, que carecemos de valor y por eso nos vamos al extremo de maquillar y evadir**

nuestra realidad, sin darnos cuenta de que es justo en nuestra imperfección en donde surge nuestra belleza.

Si bien a nivel de alma todos somos uno, **en el mundo terrenal todos somos diferentes**. Aún los gemelos que son físicamente "idénticos" tienen sus pequeñas diferencias. ¿No te parece fascinante que dentro de los millones de seres humanos que somos en este planeta no exista otro ser igual a ti? Pero pareciera que esto nos asusta, que nuestra unicidad no es tan fácil de aceptar por lo que tenemos el impulso de buscar nuestra seguridad pareciéndonos a los demás o incluso proyectando nuestros deseos de perfección en los otros cuando ellos son tan imperfectos como nosotros.

Pero **reconocer nuestras imperfecciones nos da un regalo único, el de descubrir todo el potencial a desarrollar**. Finalmente, somos seres espirituales en una experiencia humana que busca despertar y evolucionar, y es en el campo de la imperfección en donde está el terreno por conquistar.

La transformación alquímica

Cuando cambian tus energías cambia tu vida. La mejor manera de quitarte de tu camino y de dejar de obstaculizar tu conexión con placer de vivir es **vigilar la calidad de tus pensamientos y de tus emociones**. Darte cuenta que tu bienestar, más allá de lo que ocurra en el mundo exterior, depende sólo de ti activar tu poder creador y te conduce al despertar espiritual.

Cuando cambias tú, todo cambia.

Crea tu vida desde un lugar de vibración alta y empoderamiento y suelta, deja que ahora la LUZ haga su trabajo. Ésta es la ley de causa y efecto, lo que siembras da frutos, lo que haces tiene consecuencia y se manifiesta.

**Todos somos energía en movimiento
y con nuestra energía nos influimos
unos a otro constantemente.**

Estar conscientes de nuestro poder creador, de nuestra capacidad de crear nuestro bienestar nos hace ver que si nosotros estamos bien, las personas y el mundo que nos rodea también lo estarán.

Seguro te ha pasado estar en una reunión en la que todos los presentes están disfrutando al máximo cuando llega una persona que echa todo a "perder". Esa persona se convierte en una influencia de baja densidad que empieza a impactar en los demás por su pesimismo, tristeza, enojo o angustia. Si tú no estás al pendiente de tus emociones en pocos minutos estarás sintonizándote con ella y comenzarás a sentirte cansado, angustiado o drenado.

Todos **nos influimos mutuamente**, seguro has oído hablar del efecto mariposa o el efecto dominó que **una acción desatada en un lugar comienza a impactar su entorno**, de tal forma que un aleteo de mariposa del otro lado del planeta puede ocasionar un tornado en éste, que un mensaje impartido en las redes puede desatar la angustia y el caos en toda una sociedad. Así de clara es nuestra interdependencia e influencia mutua.

¿Qué pasa cuando llega una persona que está en su centro, en su área de bienestar y entra a una reunión sin hacer juicio, simplemente gozando el momento? **El ambiente comienza a hacerse armónico, amoroso**. Esa persona comienza a ser un imán, una persona con la que no se sabe por qué, pero nos hace sentir bien y nos conecta con la felicidad.

Convertirte en esa persona que impacta positivamente con su presencia depende sólo de ti. Del trabajo que hagas en tu interior, de la calidad de tus pensamientos y de tus emociones, porque sólo tú tienes la capacidad de ser tu propio mago, tu propio alquimista.

Cuerpo espiritual

Nuestro cuerpo espiritual siempre nos acompaña, pero **lo activamos cuando nos ponemos en contacto con nuestro**

mundo interior, cuando podemos ver y sentir al espíritu que lo habita y que es testigo de nuestros pensamientos y emociones. Es el yo interno que posee una consciencia, que nos conecta con nuestro verdadero ser y nos conduce a la evolución de nuestra alma y a la conexión con todos y con el todo.

Tal es el poder de creación que tenemos que durante siglos este conocimiento sólo pertenecía a algunos privilegiados que lo guardaban como un gran tesoro, era más fácil dominarnos y tenernos bajo control si nos tenían adormecidos, sin despertar nuestra consciencia. Por ello se nos educó creyendo que la Luz estaba fuera de nosotros, que veníamos a este mundo a sufrir y que sólo al morir alcanzaríamos la plenitud. También se nos dijo que había que tener miedo a un ser supremo, porque **el castigo que podíamos recibir duraría la eternidad, e instalada esta creencia en nosotros había poco espacio para la felicidad, la paz interna y el amor incondicional**.

Somos muy afortunados en que nuestra alma haya decidido nacer en esta época, en la que el despertar de la humanidad se está dando. Sí, ya sé que me vas a decir que hoy hay mucho caos y sombra a nuestro alrededor, pero a veces nuestra memoria es corta y se nos olvidan épocas de verdadera sombra como la Edad Media y el oscurantismo de la Ilustración, por ejemplo. Me queda claro que hoy vemos mucha violencia, división, que hay odio y miedo sembrado en el mundo, pero en contraste hoy también hay mucha gente dando luz y amor, promoviendo el bienestar y la sanación de los demás, no sólo la propia. Y lo maravilloso de todo esto es que cada uno de nosotros tiene el enorme regalo de poder elegir de qué lado quiere estar.

En mi transitar por el mundo espiritual he tenido la oportunidad de conocer muchos maestros, de conocer varias religiones, filosofías y de recorrer países en donde las viven, y me he dado cuenta de que **en esencia todas las religiones y filosofías buscan lo mismo: entrar en la frecuencia más elevada, que es el amor**. Sólo que en nuestro constante devenir en la vida, nos hemos olvidado de nuestra esencia, nos hemos identificado tanto con lo de afuera que nos hemos desconectado de la Fuente de Luz pura y de amor incondicional. Nos hemos entregado al miedo y no al amor, sin reconocer que el miedo nos aleja, nos engaña, mientras que el amor nos conduce a la armonía y a la felicidad.

En el mundo real somos capaces de hacer casi cualquier cosa con tal de conseguir llenar el hueco que sentimos al no encontrar el verdadero amor, lo buscamos como a un pozo de agua en medio del desierto. Creemos que en nuestro mundo material es en donde se encuentra, pero no es así, hoy incluso la ciencia habla de que hay neuronas en el corazón, lo que implica que tenemos una inteligencia viva en el cuarto chakra, justo en el lugar sagrado del corazón, al que llamaremos zona gravedad cero, que es en donde se encuentra nuestra conexión con la luz, que es el punto en donde se conectan la tierra y el cielo, lo terrenal y lo divino dentro de nosotros.

La manera de acceder a este espacio es a través de la meditación, pero antes de compartir contigo la forma de hacerlo veamos primero **los principales centros de energía que tenemos en nuestro cuerpo, llamados chakras**.

Los chakras son centros de energía que tienen una forma de espiral que siempre está en constante movimiento y vibración. Los 7 chakras se ubican en línea recta de la pelvis a la cabeza y se les ha enumerado de abajo hacia arriba.

- Chakra 1: se encuentra en la pelvis, su color es rojo y tiene la función de supervivencia, seguridad e instinto.
- Chakra 2: se encuentra entre pelvis y ombligo, su color es naranja y su función es la energía sexual, la creatividad, emoción.
- Chakra 3: se encuentra arriba del ombligo en el plexo solar, su color es amarillo, sus funciones son el poder, control, autoridad, la mente inferior.

- Chakra 4: se encuentra a la altura del corazón, su color es verde y su función es el amor, la compasión, la sanación.
- Chakra 5: se encuentra en la garganta, su color es azul y su función es el habla, la expresión.
- Chakra 6: se encuentra en el entrecejo (tercer ojo), su color es indigo y su función es la intuición y la percepción extrasensorial.
- Chakra 7: se encuentra en la coronilla, su color morado, su función es la conexión divina, la trascendencia y la unión con la mente superior.

Como podrás darte cuenta los tres primeros centros energéticos están muy relacionados con nuestro **mundo terrestre o inferior** y los tres últimos con el mundo superior. El cuarto chakra queda en medio, justo en la unión de ambos mundos. El cuarto chakra está en el corazón y cuando despertamos este chakra, cuando decidimos habitarlo **nuestra consciencia se expande** porque ahí existe un lugar sagrado que nos permite vivir en nuestra naturaleza divina.

Para acceder al espacio sagrado del corazón hay que dejar el ego y todos sus miedos en la puerta, entrar al mundo de la no mente, del no juicio, porque es la única forma de conectarnos con el amor incondicional que nos habita y con nuestra verdadera esencia.

Desde el lugar sagrado del corazón **todos nos conectamos, todos somos uno con la gran mente, con la luz**.

Para comprender este lugar es importante entender lo que es la gravedad cero. **La gravedad cero es el efecto de un cuerpo humano que flota en el aire sin ser atraído a la gravedad de la Tierra.** Las imágenes de astronautas flotando sobre la Luna, o dentro de sus naves o bien en aviones que debido al movimiento y velocidad logran tener el mismo efecto nos permite hacernos una idea de lo que se siente cuando tenemos acceso al espacio sagrado del corazón.

Cuando estamos dentro de la energía del cuarto chakra nada terrenal importa, cuando estamos ahí tu mente se mantiene en calma y el corazón se conecta a una fuerza superior en la que nos reconocemos y con la que compartimos la misma esencia y lo demás simplemente desaparece, se disuelve. **Nos conectamos con 99% de la creación y 1% que conocemos en nuestro mundo terrenal material deja de importar**.

En este lugar nos hacemos uno con la Luz. El cuerpo, la ropa, la casa, la comida, los pensamientos, las emociones, el perro, la pareja, los hijos, los roles que desempeñamos, la cuenta bancaria, el estatus, la personalidad... todo desaparece. Todo. Ahí sólo está nuestra esencia, nuestro corazón latiendo y la conexión con la luz. Ahí nuestro ser flota como si estuviera en gravedad cero. **Ahí tocamos nuestra zona infinito y se abre el campo de las posibilidades**. Ahí se despliega nuestra verdadera esencia. Ahí simplemente somos un espíritu que viene de la luz y que es como la luz en toda su perfección y amor incondicional.

Cuando te encuentras en el espacio sagrado del corazón es igual a si en ese instante cerraras los ojos y te imaginaras flotando en el infinito rodeado de estrellas escuchando sólo el latido de tu corazón. Acceder a este lugar te abre los sentidos, activa tus neuromas y nuevos caminos se plantean.

¿Quieres acceder a ese lugar sagrado? Lo haremos a través de una meditación, pero antes veamos qué significa meditar.

La meditación es **una práctica milenaria cuya principal intención es aquietar la mente, desconectar el hámster y conectarte con tu verdadera esencia**. Cuando hablamos de que no somos nuestras emociones, ni nuestros pensamientos, es porque si lo fuéramos no podríamos observarlos. Dentro de nosotros existe una inteligencia superior y divina que está presente y desde la cual podemos acceder a diferentes niveles de nuestro ser y conectar con la luz.

La meditación te permite entrar en un estado de presente absoluto, del aquí y el ahora, es un clavado interno, un bello proceso de introspección, lo que algunos llaman *mindfulness*. Es la atención o consciencia plena a nuestro ser que hacemos de manera intencional sin emitir ningún juicio.

Hay distintos tipos de **meditación: la zen que implica desactivar a través de respiraciones profundas nuestros procesos mentales, la meditación en movimiento acelerado que utiliza la respiración de fuego y movimientos corporales intensos para despertar nuestra energía kundalini**, la contemplativa en la que al fijar la vista en un punto, se centra toda la atención en algún objeto para calmar la mente, la meditación activa que implica estar consciente del momento presente a través de cada movimiento del cuerpo, entre otras.

Darte la oportunidad de practicar varios métodos para descubrir con cuál te sientes más afín es importante. La meditación conlleva muchos beneficios, entre los ocho principales están los siguientes:

1. Baja los niveles de ansiedad y estrés.
2. Disminuye la depresión.
3. Ayuda a relajar la mente.
4. Mejora la memoria, la concentración y la atención.
5. Mejora el estado anímico.
6. Quita la tensión del cuerpo.
7. Evita que el cerebro envejezca.
8. Incrementa la felicidad y emociones positivas.

¿Sabías que?

La energía kundalini dentro del hinduismo es la energía creadora que se encuentra ubicada en el primer chakra y que es posible despertar a través de respiraciones y posiciones corporales para lograr su ascenso a través de cada uno de los seis chakras restantes y así obtener la conexión entre lo denso y lo sutil, entre la sexualidad y la espiritualidad hasta llegar al samadhi que es el estado en el que una persona siente que se está fundiendo en el universo.

¿Si sabemos esto **por qué no lo practicamos más**?

Porque **meditar requiere disciplina**, hacerlo al menos una vez al día por 20 minutos y al principio quizá puede ser complejo, porque tenemos la idea de que es obligatorio poner la mente en blanco desde la primera vez que meditamos, y no tomamos en cuenta que **aprender la técnica lleva su tiempo y es un proceso gradual**, paso a paso.

Incluso te puedo decir que poner la mente totalmente en blanco sólo lo logran por algunos periodos aquellos que han destinado su vida a la meditación como los monjes tibetanos, por ejemplo, los demás tenemos la presencia de pensamientos continuamente, pero aquí el secreto radica en aprender a dejarlos ir. Por ejemplo, si cuando estás meditando de repente tu mente dice: "No pagaste la luz", **observa el pensamiento, suéltalo y sigue respirando**, evita darle seguimiento y quedarte pensando: "Claro, no la pagué, me la van a cortar y si me la cortan no voy a poder terminar el trabajo y si no termino el trabajo me van a correr y si me corren voy a empezar a tener problemas con mi vecina", etcétera, etcétera, etcétera. Porque esto es lo que hacemos generalmente, **nos vamos tendidos y no hay quién nos frene**. Por eso, si llega un pensamiento, una idea o una imagen obsérvala y déjala ir y vuelve a concentrarte en tu respiración.

Pasos **importantes**:

1. Usa **ropa cómoda**.

2. Busca un **lugar agradable**, en el que nadie te interrumpa, apaga todos los distractores que puedas tener a tu alrededor y regálate unos minutos.

3. Puedes poner **música relajante**, incienso, flores.

4. Siéntate en una silla con los pies tocando en el piso o en flor de loto sobre el piso, mantén tu espalda recta, coloca tus manos sobre tus piernas, envuelve con tu mano derecha la izquiera permitiendo que tus dedos pulgares se toquen si eres mujer, o bien, envuelve con tu mano izquierda la derecha si eres hombres. **No te recomiendo meditar acostado** porque es muy fácil quedarte dormido.

5. Cierra los ojos, en la **meditación zen**, manténlos semicerrados en las contemplativas o abiertos en las meditaciones en movimiento.

6. Pon **tu lengua sobre el paladar**, que la punta toque el nacimiento de tus dientes.

7. Concéntrate en tu **respiración**. Ten consciencia de ésta, inhala, retén el aire, exhala y observa el vacío. De nuevo: inhala, retén el aire, exhala y observa el vacío. Hazlo cuantas veces sea necesario para tranquilizar tu mente.

8. Relaja tu cuerpo empezando por los pies, las piernas, los glúteos, el abdomen, el pecho, la espalda, los brazos, los hombros, la nuca, la cara.

9. Comienza a aquietar tu mente, **si llega un pensamiento déjalo ir**. Si te es imposible hacerlo utiliza un mantra y repítelo hasta que tu mente esté calmada. Puedes repertir la palabra *Om*, que es el sonido primordial del Universo, el mantra budista: *Om mani padme hum* que corresponde a la compasión o el mantra hinduista *Om namah shivaya* que es un saludo a la divinidad.

10. No dejes que ningún juicio te limite, **permítete entrar e imaginar**. No cuestiones, sólo entrégate al proceso.

En el camino de la meditación es importante ir paso a paso. No hay prisa, es ir subiendo escalón por escalón, o sería mejor decir, debes ir bajando escalón por escalón a tu interior. Lo que importa está en dar **pasos firmes en la experiencia**, en irte sintiendo seguro y entregarte al momento. Te comparto cinco meditaciones, la última es la más poderosa de todas y es en donde entraremos al lugar **sagrado del corazón**. Si nunca has meditado es importante ir una a una, para descubrir su máximo potencial.

En mi caso antes de entrar en cualquier meditación, me doy un minuto antes y pido a los ángeles, arcángeles y seres 100% de luz que creen un círculo dorado de protección y de alta vibración a mi alrededor y luego inicio la meditación.

❧ MEDITACIÓN 1

Base: **respiración**

Empecemos por hacer una **meditación corta y sencilla**. Dedícale cinco minutos. Puedes poner una alarma o bien, hacerlo por el tiempo que te sientas cómodo.

Siéntate con la espalda recta, si quieres en una silla con los pies en el piso y las manos sobre tus muslos, o en el piso sentado con las piernas cruzadas y las manos en tus piernas. Ahora **concéntrate sólo en la respiración**. Inhala... Exhala.

Estar consciente de tu respiración te ubica en el momento presente. Si llega algún pensamiento déjalo ir y mantente sólo respirando. Si quieres darle una intención hazlo, por ejemplo: **inhalo paz, exhalo caos**. Inhalo bendiciones para mí, exhalo bendiciones para los demás. Puedes utilizar colores: el morado, por ejemplo, ayuda a transmutar energía; el rojo a energetizar; el amarillo genera alegría; el verde, sanación; el azul, paz. Imagina cómo este color y el aire recorre todo tu cuerpo. Así que inhala el color que decidas según tu intención y a través del color blanco exhalas el opuesto, por ejemplo: inhalo color rojo para energetizar, exhalo color blanco cargado de flojera.

Puedes hacer esta meditación en cualquier momento del día, e incluso la puedes hacer a ojos abiertos o cerrados como lo desees. Ayuda a bajar el estrés, a **centrarte en el presente y a habitar tu cuerpo**.

Así que inhala… exhala… y permanece en ti observándote.

⊛ Meditación 2

Base: **mantra**

Meditar con un mantra te ayuda a aquietar la mente, de hecho hay quien los califica como un **instrumento mental**. La mayoría de los mantras antiguos están escritos en sánscrito, que es una de las lenguas más antiguas de la India utilizada tanto en el hinduismo como en el budismo. Si nunca has tenido acceso a uno de ellos te recomiendo que te des primero la oportunidad de escucharlo para después incorporarlo a tu práctica de meditación.

Hay miles de mantras y aquí puedo mencionar el *Om namah shivaya* y el *Om mani padme hum*. Actualmente en internet puedes encontrarlos en muchas versiones e incluso ritmos. Su repetición hace que te centres en él y que la mente esté ocupada ayudándote a salir del caos y del hámster mental.

Yo **amo meditar** con el *gayatri* mantra, me pone de buenas, eleva mi energía y me conecta con alegría. Los sacerdotes brahmanes del hinduismo cantan este mantra al amanecer y al atardecer para honrar al dios solar, al sol central. Yo **lo utilizo a cualquier hora del día** y los hinduistas afirman que con éste desarrollas la **intuición**.

El *gayatri* mantra dice así:

> *Om bur buváj suáj*
>
> *tat savitúr váreniam*
>
> *bargo devásia dímaji*
>
> *díio io naj prachodáiat*

Este fragmento se repite constantemente. Es una **evocación a la energía máxima**. Date la oportunidad de escucharlo y si te hace clic utilízalo para meditar. Generalmente, encuentras los mantras en versiones de entre 15 y 20 minutos. Yo cuando medito con éste o algún otro mantra, **prendo incienso, me lo paso por el cuerpo y después dejo que el lugar se impregne del olor**, prendo una vela, tomo un cuarzo entre mis manos, me siento con **la espalda**

recta, las piernas cruzadas y lo escucho entregándome a
él, generalmente en la voz de Deva Premal.

🖐 **Meditación 3**

Base: **visualización**

Dentro de nosotros se encuentran los cuatro elementos:
fuego, tierra, aire y agua que al fundirse dan como resultado la quinta esencia, el aroma del alma.

Ésta es una meditación que yo utilizo **cuando quiero conectarme con mi verdadera esencia**, cuando deseo
sentirme una con todo lo que me rodea, cuando quiero
conectar con todo lo creado, con todo **el campo de las
posibilidades**.

Te recomiendo grabarla **con tu propia voz**, hoy es muy
fácil hacerlo en nuestros celulares, así que date la oportunidad de conectar con la naturaleza que te habita.

Ya sabes, **encuentra un lugar en donde te sientas cómodo**, siéntate y manten tu espalda recta, cierra los ojos
y permítete ir sintiendo conforme escuchas la meditación.

Respira hondo y profundo, inhala y exhala, inhala
y exhala.

Ve **relajando cada uno de tus músculos**: tus pies, tus
pantorrillas, tus muslos, tus glúteos, tu pelvis, tu estómago, tu pecho, tu espalda, tus manos, tus brazos, tu
cuello, tu cabeza, tu cara. Relaja todo tu cuerpo, siente

cómo éste va perdiendo peso, se va haciendo cada vez más y más ligero... **más y más ligero**.

Tu cuerpo es tan ligero que **puedes flotar**, te sientes como pluma de ave que vuela en el viento y va dando giros.

Ahora mantente **suspendido en el vacío y siente el palpitar de tu corazón**.

Tu corazón se ha convertido en una luz roja que **anida una llama**, el fuego esencial que está dentro de ti. Ve como **el fuego te llena de vitalidad**, de energía, de entusiasmo... Ahora absorbe del elemento fuego su pasión, su fuerza, su ímpetu. Siéntete uno con el fuego.

La luz comienza a cambiar de color, ahora es verde. Ve su intensidad, su brillo. Es el color verde de la madre tierra, quien te anida, te nutre y te hace sentir protegido. Ahora absorbe del elemento tierra su firmeza, su estabilidad, su seguridad. **Siéntete uno con la tierra**...

El verde se convierte en amarillo y la llama se aviva con la presencia del aire, quien te regala **fluidez, liviandad, curiosidad**. Ahora absorbe del elemento aire su libertad, la posibilidad de cambio, el desapego. Siéntete uno con el aire...

Es tiempo del color azul, el agua quiere manifestarse y regalarte la receptividad, la empatía, la flexibilidad. Ahora absorbe del agua su fluidez, su adaptabilidad, su intimidad.

Siéntete uno con el agua...

Hoy eres fuego, tierra, aire y agua, siéntelos en ti y llévalos a todo tu cuerpo. Ve cómo van recorriendo cada célula, cómo van sanando cada espacio de tu ser, estás en perfecto equilibrio. **Eres uno con el universo**.

Respira cada uno de los colores y llena tu cuerpo con ellos: el rojo del elemento fuego, el verde del elemento tierra, el amarillo del elemento aire, el azul del elemento agua.

Ahora con una respiración profunda **genera una explosión de cada uno** de los colores y crea tu propio arcoíris, crea tu propio universo multicolor y habita en él.

Goza del regalo de la vida y de la fusión de los cuatro elementos en ti. Siente tu fuego, tu tierra, tu aire, tu agua. **Siéntete a ti como un ser completo**, satisfecho, en estado de **abundancia pura**.

¡Goza... goza... goza!

Poco a poco ve regresando a tu cuerpo, mueve pies y manos, y abre los ojos.

❈ MEDITACIÓN 4

Base: **energía**

Esta meditación te conecta con tu campo de energía, con el canal de Luz pura que conecta a la tierra con el cielo. **Yo hago esta meditación todas las mañanas.** La hago recién abro los ojos al despertar o a ojos abiertos mientras me baño. El agua es un gran conductor de energía y con la práctica me lleva de dos a tres minutos hacerla, así que mientras me lavo el pelo suelo practicarla.

A través de la respiración **inhala bienestar y exhala estrés**, con esta intención da cinco respiraciones profundas. Con cada respiración **trae vida a tu cuerpo y a tu corazón**.

Lleva tu atención al centro del pecho, mantente en el chakra del corazón **fuente de amor incondicional**.

Visualiza la energía que comienza a moverse en el corazón, **concéntrate en su movimiento en espiral, que gira y gira** en contra de las manecillas del reloj. Su color es verde brillante.

Ve bajando esta energía hacia el chakra 3, 2 y 1, y desde tu chakra raíz visualiza cómo surgen unas **raíces hermosas y fuertes** como las de un árbol que se dirigen al centro de la Tierra. Siente cómo te vas enrraizando y cuando llegues al centro de la Tierra enráizate aún más. Desde ese lugar decreta "**absorbo la energía de vida de la tierra**, de sus mares, de sus volcanes, de sus vientos, de sus plantas, de sus animales".

Visualiza cómo una corriente de vida va subiendo de regreso desde las raíces que están en el centro de la Tierra, hasta llegar de nuevo a tu chakra 1, al 2, al 3 y de ahí **suben**

al corazón. Siente esa fuente de energía que te revitaliza, que te hace uno con el planeta.

Sube la energía hasta la garganta, al entrecejo y a la coronilla, a tus chakras 5, 6 y 7 y decreta que esa energía suba hasta el séptimo cielo. Ve cómo desde la coronilla tu energía sube capa por capa del cielo en dirección ascendente hasta conectarte a la **fuente de luz pura de color blanco o dorado**.

Toma esa energía y ve cómo desciende hacia ti y entra por el séptimo chakra, **recorre todos tus chakras y desciende hasta llegar al centro de la tierra** y sube de nuevo formando un tubo de luz que va limpiado e iluminando todo tu ser. Te has covertido en un canal de luz que une al cielo con la tierra, a la tierra con el cielo.

Con la energía pasando en todo tu cuerpo date la oportunidad de ir rellenando cada parte de él, aun aquellos espacios que percibas con menos luz, llénalos con esta energía sanadora. Tómate tu tiempo. Una vez que te encuentres totalmente conectado, **permítete gozar de la energía que va subiendo** y que va bajando a través de tu cuerpo. Ve cómo va limpiando y, a la vez, reenergetizando todo tu ser.

Cuando sientas que el flujo es continuo, que todos tus chakras están activados y estás en conexión total, respira profundo y con intención desconectate del séptimo cielo y del centro de la tierra, desactivando el tubo de luz en el que te convertiste y termina tu meditación.

⚚ Meditación 5

Base: **el lugar sagrado del corazón**

Esta meditación es muy poderosa y nos conecta con nuestra zona Gravedad cero en donde se encuentra **nuestra mejor versión de nosotros mismos**.

Esta meditación requiere tiempo, hacerla en un lugar sin interrupciones y es importante hacerla a ojos cerrados, con la espalda recta y la lengua en la punta del paladar cerca de los dientes. Es importante **entregarte al proceso sin que el pensamiento te limite**. Date permiso de fluir con la experiencia.

La primera parte de la meditación corresponde a la meditación número 4. Así que sigue los pasos de la meditación número 4 hasta que te hayas convertido en un tubo de luz **alimentado por la Luz Pura y la Madre Tierra**.

Una vez que **el flujo de energía es continuo** sigue con la segunda parte de la meditación.

"Una vez que te encuentres totalmente conectado permítete gozar de la energía que va subiendo y que va bajando a través de tu cuerpo. Ve cómo va limpiando y, a la vez, **reenergetizando todo tu ser**".

Cuando sientas que el flujo es continuo, que **todos tus chakras están activados** y estás en conexión total. Concentra toda la energía en el cuarto chakra.

Te encuentras en el área del corazón, **dirígete a la parte trasera**. Ahí encontrarás una rendija energética que con sólo tocarla se abre para ti. Es una puerta hermosa, que **se despliega al sentir tu presencia y te permite acceder**.

Entra con confianza, dentro hay una pantalla blanca en la que pueden aparecer imágenes o palabras significativas para ti. Conecta con tu ser. Siente compasión por tus luchas y por tus debilidades. Reconoce tus éxitos y tus fortalezas. Siéntete, habítate, permítete "estar", conectar con tu verdadero ser, con tu chispa divina.

Ahora observa, **frente a ti hay una especie de resbaladilla** del lado derecho del corazón, ve hacia ella y baja.

Te encuentras ahora en un lugar oscuro con miles de pequeñas luces brillantes como las estrellas. Permítete estar ahí, entregarte a este momento. Has llegado al espacio en donde no necesitas de nada, ni de nadie, en donde se encuentra la **semilla original de la vida**, en el que todo es perfecto.

Al llegar a este lugar tú también te has convertido en una luz que parpadea al igual que la **Fuente divina de Luz**, al igual que las otras estrellas que te rodean.

Siente la paz, la armonía, el amor incondicional.

Siente cómo eres uno con el todo.

Siente cómo eres **uno con todos**.

¡Palpita! Déjate ser uno con los latidos del corazón.

Respira, respira, respira y **quédate ahí el tiempo que desees**, en tu zona gravedad cero. Ahí es el mundo de las posibilidades infinitas en donde se despliega nuestra verdadera esencia.

Invoca la presencia de tu ser superior y pídele acceso al campo de la posibilidad pura, en donde en un universo paralelo está la mejor versión de ti.

Permítete ver esa mejor versión de ti, permítete adquirir de esa autoimagen perfecta el conocimiento, el gozo y el bienestar que deseas, permítete ser **ese diamente en su máxima pureza y belleza**, permítete ser abundancia total.

Elige sentir alegría, vivir la compasión, amarte profundamente.

Elige la abundancia y la conexión con los demás.

Elige el gozo y la paz interior.

Permanece ahí, fluye.

Nutre tu ser y cada una de sus células de la mejor versión de ti mismo. **Vibra con tu mayor potencial**. Llena tu cuerpo físico, emocional, mental y espiritual de gozo, de inocencia, de alegría. Deja que tu mejor versión se manifieste. Eres tú en todo tu potencial.

Si tienes alguna pregunta hazla ahora, aguarda en silencio, si llega la respuesta escúchala, **tómala sin que la mente participe**... si no llega, pide que más adelante se manifeste en un sueño, en una señal clara para ti. Tu ser superior siempre está contigo. Es tu fiel guardian, tu guía.

En el lugar sagrado del corazón, el tiempo y el espacio no existen. Permanece ahí el tiempo que desees, goza del no tiempo, del no espacio...

Y cuando tú lo decidas inicia el camino de regreso.

Sube por unas escaleras a la parte alta del corazón. Ve de nuevo la pantalla quizá haya un nuevo mensaje para ti, y date tiempo para agradecer todo lo creado, todo lo aprendido, todo lo sentido. Gracias... Gracias... Gracias.

Sal del corazón, **respira profundo y con intención desconéctate del séptimo cielo** y del centro de la Tierra desactivando el tubo de luz en el que te convertiste.

Regresa poco a poco a la realidad de los cinco sentidos, **ve conectando con tu cuerpo físico** y comienza a mover tus pies, tus manos, abre los ojos y respira con normalidad.

Date tiempo de asimilar esta experiencia, si tienes necesidad **escribe los mensajes recibidos y las sensaciones vividas**.

Desde el chakra cuatro formamos un **campo colectivo de energía**, en donde la sanación que viene del corazón nos conduce a alcanzar nuestra completitud y el amor en su más alta vibración y a erradicar las formas de oscuridad y miedo.

Sería increíble que todos los seres humanos estuviéramos **vibrando desde el lugar sagrado del corazón**, pero como lo dijimos en un principio **todos estamos haciéndonos en la vida**, todos estamos en proceso, y así como hay personas que pueden reconocer todos sus cuerpos y elevar su energía, hay personas cuya consciencia los mantiene atados al cuerpo físico en el nivel del instinto puro y, por tanto, en el de menor consciencia.

La meditación del **lugar sagrado del corazón** es sumamente poderosa.

• Crea **caminos neuronales** que nos impulsan a desarrollar la mejor versión de nosotros mismos, el gozo y el bienestar en todos nuestros cuerpos.

• Nos permite **abrir y activar el chakra del corazón**, cuando éste está bloqueado existe en nosotros una sensación de aislamiento y separación de nosotros mismos y de los que nos rodean, cuando está abierto se experimenta la conexión y el amor por nosotros y por los demás.

• Incrementa el amor incondicional. **Reconocer a una persona desde el espacio sagrado del corazón** nos permite aceptar sus imperfecciones, no juzgarlo y amarlo, no sólo a él, sino también a nosotros mismos.

Vinimos a este mundo para evolucionar
y cada quien vivirá su propio proceso.

Evolucionar es actuar desde la consciencia, no desde el piloto automático, porque en la autoobservación y en la autorreflexión me descubro y tengo la capacidad de resignificar mi historia al elegir una vida por diseño al **romper** esquemas, mecanismos, patrones, creencias, hábitos y emociones limitantes que me conectan con el **miedo** y al **generar** esquemas, mecanismos, patrones, creencias, hábitos y emociones de alta vibración que me conectan con el **amor** y la **Luz.**

QUIERO COMPARTIR CONTIGO ESTE TEXTO

HOGAR, DULCE HOGAR

Om Swami en *Un millón de pensamientos*

¿Alguna vez has abierto la puerta de la calle y entrado en tu casa después de unas vacaciones de dos o cuatro semanas? Te sale al encuentro el olor de una vivienda cerrada, un dulce aroma a polvo. Te tumbas en el sofá y dejas escapar un gran suspiro. Dices: Hogar, dulce hogar.

Por maravillosas que sean las vacaciones, a partir de cierto momento empiezas a echar de menos tu hogar. Quieres volver a un entorno conocido. Es posible que tu vivienda no sea la más suntuosa, que no tenga el lujo del servicio de habitaciones y la limpieza, y sin embargo, donde más cómodo estás es en tu propia casa. Hay una comodidad natural, una sensación de pertenencia, una suerte de libertad distinta. Está por encima de los lujos de los hoteles de cinco estrellas.

Lo mismo se puede decir de nuestra alma. Nuestro cuerpo no es su hogar permanente. Nuestra consciencia individual está tratando eternamente de fusionarse con la consciencia suprema. Quiere volver a casa. Quizá no sea una oradora lo bastante elocuente para decírtelo con tanta claridad, pero es lo que quiere hacer. Porque somos seres con una inmensa libertad y un potencial infinito, y aquí estamos atrapados en las mezquinas tendencias y deseos de nuestra mente y nuestro cuerpo.

El alma quiere remontarse a su origen. Es la ley más fundamental de la naturaleza, de la creación y la destrucción: todo debe volver a su origen. Es posible que nuestro cuerpo sea temporal, nuestras mentes estén condicionadas, nuestra consciencia sea un viajero receloso, pero nuestra alma sabe el sitio que le corresponde.

Por eso todo el mundo en algún momento de su vida, se ve obligado a pensar en el sentido de esa vida. Todo aquel que haya experimentado al menos un instante de plenitud emprende un viaje más grande que su existencia individual. Ese viaje puede ser la evolución de Einstein o la pasión de Jesucristo; puede ser el camino de Buda o el *moksha* de los Vedas.

Es posible que hayamos olvidado nuestra auténtica naturaleza, pero nuestra alma —eterna y sin tacha— quiere volver a casa. Hasta que le muestres el camino, no desaparecerá la inquietud de tu vida. No hay placer ni relación que pueda ofrecerte la plenitud permanente porque todos estamos de vacaciones, y echamos de menos nuestro hogar.

Meditar es volver a casa. Es volver al origen, al lugar que te corresponde, de manera que ya no eres lo que la gente te dice que eres, ni lo que el mundo te ha hecho creer, ni siquiera lo que piensas de ti mismo. En cambio, es descubrirte a ti mismo, acceder a tu fuente primaria de la que manan sin cesar dicha, alegría y regocijo. También es descubrir tu hogar original, sin el mobiliario de los celos, la codicia, la envidia, el odio. Un hogar sin las paredes del ego y la ira. Un lugar donde el alma descansa en paz, donde la consciencia fluye sin trabas igual que el manso Ganges murmura un día soleado.

EN RESUMEN

- Cada uno es su **propia fuente de amor**.
- Podemos cambiar nuestro **futuro** actuando **hoy**. ¿Qué semilla estás poniendo hoy en tu vida? Recuerda que éstas serán los frutos que vas a cosechar en el futuro.
- Somos los alquimistas de **nuestra historia**, tenemos el poder de **reescribirla**.
- Existen dos egos: el positivo y el negativo. El **positivo** es la consciencia que tenemos de nosotros mismos; el ego **negativo nos separa de nuestra luz**, de nuestro amor propio.
- Todos tenemos **cuatro cuerpos**: físico, emocional, mental y espiritual. Los cuatro deberían estar en equilibrio para alcanzar nuestro bienestar y plenitud.
- Desarticula las voces limitantes, **fortalece tu propia voz**.

* Éste es un canal de luz.

SEGUNDO CAPÍTULO

Habiendo conocido nuestros cuatro cuerpos y cómo funcionan **llegó el momento de reescribir nuestra propia historia**, resignificando nuestras creencias limitantes, manteniéndonos al mando de nuestras emociones y pensamientos y reconociendo nuestras **imperfecciones**, para, aun con nuestras limitaciones y con nuestros caminos internos por conquistar, convertirnos en la **mejor versión de nosotros mismos** y con ello contribuir al despertar de consciencia y a la creación de un mundo mejor.

Así que he aquí las siete llaves para convertirnos en la mejor versión de nosotros mismos:

1. Aceptación.

2. No juicio.

3. Flexibilidad.

4. Conocer la brecha.

5. Encontrar el más alto significado.

6. El poder del amor y de los para qué.

7. Practicar la alquimia.

7 LLAVES PARA ABRAZAR, ACEPTAR Y VALORAR LO QUE REALMENTE ERES

Primera llave: la aceptación

Como ya vimos existen **varios mecanismos para obtener amor**; sin embargo, casi todos estamos en la **búsqueda de la perfección**, porque nuestro yo social tiene el profundo deseo de ser reconocido, aceptado y busca, por ende, encajar en el mundo de los demás. En ocasiones, esto nos conduce a actuar de una forma que nada tiene que ver con lo que nosotros somos en realidad, pero es tanta nuestra necesidad de pertenencia que tendemos a evitar a toda costa que alguien descubra nuestras imperfecciones. Esta manera de comportamos conlleva un alto costo emocional ya que **vivir con una máscara continua, nos limita, no nos deja ser y nos impide actuar con libertad**.

Es vital voltear la mirada hacia nosotros mismos y con toda honestidad **aceptar quiénes somos**, con nuestra sombra y nuestra luz, con nuestros pensamientos y emociones de alta y baja vibración, con nuestras virtudes y defectos. Y **hablo de aceptación no de resignación**, que no es lo mismo. Aceptación es dar por bueno algo de forma voluntaria e implica **acción dinámica** y crea movimiento, mientras que la resignación significa tomar las cosas como son sin buscar opciones y haciéndolo de manera pasiva, siendo justo en la acción activa en la que podemos crecer y evolucionar. Así que **dejemos de endosarle nuestra vida, traumas, emociones bajas, sentimientos negativos a alguien más y asumamos nuestra realidad**, porque conocer a fondo las características que nos conforman nos permite ver nuestras áreas de oportunidad. Maquillar la realidad, ajustarnos a lo que ocurre y reprimir nuestros sentimientos sólo nos aleja de convertirnos en el dueño de nuestra propia vida.

Así que...

No te cuentes cuentos.

Ama tu realidad y ámate a ti tal y como eres.

Hay cosas a nuestro alrededor que no podemos cambiar, que no dependen de nosotros, pero quedarnos ahí quejándonos y adaptándonos aun a pesar de nosotros mismos, **sólo nos desgasta y nos lleva a la infelicidad**. La aceptación implica ver la realidad tal y como es, no como nos gustaría que fuera, es decir, sin adornarla ni evadirla. Implica **quitarnos nuestra película mental** que busca la perfección y la aprobación de todos los demás y sustituir esa creencia por una en la que nos **amemos a nosotros mismos tal y como somos**.

Como bien dicen podemos engañar al de al lado, pero a nosotros mismos no es tan fácil. En el fondo sabemos **cuáles son nuestros verdaderos dolores**, nuestra sombra, y hay un ejercicio que te puede ayudar a ser más honesto contigo mismo y es el de "Yo, mi mejor amigo".

Somos súper buenos para dar consejos. "Si fuera tú... yo haría", "Lo que tú deberías hacer es...", "Tendrías que...". Pero cuando se trata de nosotros nos escabullimos y metemos la cabeza en la tierra como un avestruz para no confrontar nuestra realidad, pero en la situación que estás viviendo, **¿qué te dirías si tú fueras tu mejor amigo?**

Literalmente imagina que tú estás frente a ti, si te resulta más fácil pon dos sillas y cámbiate de lugar cuando seas tú y cuando tomes el papel de tu mejor amigo. Y **cuéntale tu historia sin editarla**, con la crudeza que esté ocurriendo y ahora cámbiate de lugar y ve tu historia o problema como si fuera el de tu mejor amigo, mantén esta sana distancia y pregúntate ¿qué consejo le darías? Por ejemplo: Martha, al saber que su mejor amiga Martha está inmersa en una relación tóxica de pareja qué le diría: "¿De verdad crees que ese hombre es el tipo de persona que mereces?", "¿Eres masoquista o qué?". **Estás dejando de ver tus propias necesidades.** No permitas que te manipule así. Te estás poniendo de tapete con tal de que "te quieran", ¿qué no te das cuenta?

Y en el fondo sabemos las respuestas, pero **una cosa es saberla y otra quererla ver**, porque eso implica enfrentarnos a nuestra propia sombra, a nuestro miedo, en este caso, de que el otro se vaya y nos quedemos solos. Pero una forma de comenzar a desarrollar el amor por ti mismo es escuchar a la persona que más te cuidará, a la que más le importas, a la única que estará contigo hasta que te mueras, y **esa persona eres tú**. Recuerda:

Yo no puedo hacer nada porque el otro cambie...
pero yo sí tengo la capacidad de cambiar.

Poner límites sanos a una relación es empezar a amarme. Y cuando logras verte, aceptar tu realidad y darte cuenta de que estás en una relación tóxica, llena de control y manipulación, **surge la opción de poder cambiar tu realidad**, ¡aceptar las circunstancias tal y como son es el primer paso!, descubrir todas las opciones de acción que surgen ante ello es el segundo.

Si ya vi y puedo aceptar que estoy en una relación tóxica, ahora también **puedo analizar qué camino tomar**: Hablo con él, voy a terapia, termino la relación, voy a un retiro, pido ayuda, pongo límites nuevos, etcétera.

Cuando nos damos cuenta de que aunque estamos atrapados en una situación existen opciones de acción

nuestra energía comienza a cambiar, y nuestro poder interno se fortalece. Justo ahí comienza a nacer una emoción de alta vibración que te impulsa a estar por encima de la circunstancia **y a fortalecer tu "yo" interno**.

Éste es un ejercicio muy poderoso porque cuando nos salimos de nuestra mirada de hormiga y la hacemos mirada de águila las cosas se ven muy distintas. Cuando tenemos el problema encima de nosotros, pegado a nuestros ojos **es difícil ver más allá**, pero cuando nos apartamos y lo vemos a la distancia las alternativas de acción comienzan a desplegarse ante nosotros y esa realidad que sentíamos que nos aplastaba, ese mecanismo para obtener el amor que nos ahogaba, comienza a debilitarse, mientras que nosotros nos empoderamos.

No siempre es fácil, **salirnos de nuestro círculo de acción conocido**, aunque sea insatisfactorio puede ser muy doloroso enfrentar nuestra realidad y por ello preferimos el alivio que nos da el "ver sin ver". ¿No te ha pasado que aunque ya sepas que algo te lastima y te daña prefieres hacer como si no lo vieras, creyendo que con esto desaparecerá o perderá fuerza? Pero generalmente esto no ocurre y al contrario, eso que nos resistimos a aceptar se convierte en nuestro enemigo "oculto" que **tarde o temprano brincará y saldrá a nuestro encuentro**.

Así que por dura que sea la realidad, aceptar que la vida no es perfecta, nos da la **oportunidad de diseñarla bajo un principio de realidad apegado a lo que realmente somos**. Nos ayuda a fortalecer nuestro "yo real". Porque nuestra vida no es la que mostramos llena de máscaras a los demás, es la que vivimos las 24 horas del día y **es mejor convertinos en nuestro mejor amigo**, dejar de contarnos cuentos y aprender a aceptar nuestra vida tal y como es, porque justo ahí está la posibilidad de cambio y de mejora en las áreas que nosotros controlamos: lo que sentimos, pensamos, hacemos y decimos.

También están las cosas que no dependen de nosotros como las circunstancias que nos rodean y que suceden más allá de nuestra voluntad. ¿Cómo aceptarlas?, ¿cómo incorporarlas a nuestra vida?, ¿cómo superar un revés del destino? Existe una palabra japonesa con una gran sabiduría, Shikataganai que significa aceptar lo que está sucediendo y fluir con ello.

Hay circunstancias traumáticas que están **fuera de todo nuestro control**, que nos provocan sentimientos de **dolor**, negación, ira, enojo, **sufrimiento** y sabemos que tenemos que pasar por éstas, atravesarlas de la mejor manera, porque instalados en "por qué a mí", "por qué la vida me castiga con esta desgracia", puede llevarnos a quedarnos atrapados la vida entera en estas **emociones llenas de sufrimiento**.

> ## ¿Sabías que?
>
> *Sikataganai* es la actitud de **aceptación** que asumimos ante una situación que escapa de nuestras manos en la que nada tiene que ver nuestra voluntad. En otras palabras significa despertar en nosotros el coraje, la garra, el ánimo de salir adelante de lo que nos esté ocurriendo por medio de la **resiliencia**. Nuestra increíble capacidad de sacar de lo malo lo bueno.

El dolor existe eso es innegable, pero si se dice que el sufrimiento es opcional, es porque **si optamos por regodearnos en la experiencia de dolor** cientos y cientos de veces, llega a tal desgaste que nos hace perder el deseo por seguir viviendo. Distinto es si nos permitimos sentir dolor, pero poco a poco vamos saliendo de él, pasando por todas las etapas del duelo**: negación, evasión, ira y negociación** hasta llegar a la **aceptación**. Ésta es la única forma de transitar el dolor que se desata con las situaciones que la vida nos va poniendo enfrente, sólo así en algún momento volveremos a conectar con el deseo de volver a **sonreír**.

La aceptación implica aceptar el presente como es,
no como me gustaría que fuera.

Estar consciente de esto nos lleva a dejar de actuar de manera automática, sólo reaccionando, y nos permite **observar nuestra realidad**, abrazar lo que está sucediendo y aprender a ver el hecho con benevolencia como parte de nuestro proceso de vida y de las pruebas que nos tocan vivir.

Así que por más cruda que sea nuestra realidad, por más difícil que nos resulte aceptarla, debemos ser compasivos con nosotros mismos, recordando que la compasión es el acto de **amor incondicional** más sublime.

Aprender a amar nuestra realidad más allá de las
imperfecciones es el primer paso para convertirnos
en la mejor versión de nosotros mismos.

Segunda llave: el no juicio

Etimológicamente "perfección" viene del latín *perfectio*. El prefijo: *per* "por completo", el verbo: *facere* "hacer", el sufijo: *-cion* "acción o efecto", **perfección es la acción de dejar algo acabado**. Es decir que no tiene errores, ni defectos.

Ante la pregunta, **¿te gustaría ser perfecto y tener una vida perfecta?** La mayoría de las personas contestan "sí" sin pensarlo. No podemos negar nuestro anhelo de perfección porque creemos que de esta manera no existirían los problemas y nuestra vida sería idílica y exitosa, pero te puedes imaginar lo aburrido que resultaría si todo, incluidos nosotros, fuéramos perfectos. De hecho perdemos de vista que:

"la perfección de este mundo es la imperfección".

Como escritora te puedo decir que **las historias de personajes sin conflictos, en las que todo está en armonía no le interesan a nadie**, porque son monótonas y aburridas, mientras que las historias dramáticas, con varios giros inesperados son las que más nos apasionan. Nos encanta ver las pruebas a las que se enfrentan nuestros protagonistas y la manera en que salen de éstas, ya sea fortalecidos o debilitados. Lo mismo ocurre con nosotros. Las vivencias, las pruebas enfrentadas, **los puntos de quiebre son los que nos conducen**, si decidimos aprender de la lección, a tener una vida más rica y excitante.

Así que, por principio de realidad, **la perfección humana no existe**, todos tenemos errores y defectos por más difícil que nos sea aceptarlos. De manera natural tendemos a compararnos, a juzgarnos, a evaluarnos, a calificarnos en bueno o malo, porque la mente divide, etiqueta y clasifica de manera natural **con base en las creencias y juicios que conforman nuestra película mental**.

En términos generales existen dos tipos de juicio: interno y externo. El **juicio interno** tiene que ver con las opiniones que hacemos de nosotros mismos y que tienen como base nuestra autoestima y autovaloración. Al igual que las creencias debemos estar pendientes de ellos, porque muchas veces son estos juicios autoimpuestos los que nos limitan y no nos dejan actuar con libertad, ya que en la mayoría de los casos, están fundamentados en los de alguien más, en un juicio externo, generado por una persona importante para nosotros y cuya opinión decidimos introyectar como propia.

Cuestionar nuestros propios juicios, la veracidad y la actualidad de estos puede llevarnos a su **liberación** y a la ejecución de nuevas conductas.

El **juicio externo** tiene que ver con los calificativos, clasificaciones y opiniones que hacemos sobre los demás o sobre una situación externa.

De manera prácticamente automática somos capaces de hacer un juicio sobre alguien que acabamos de conocer en tan sólo siete segundos. Sí, **siete segundos nos lleva crear una opinión**, en nuestra mente, de alguien que vemos por

primera vez. Por eso se dice que no hay una segunda oportunidad para causar una primera impresión.

Nuestros juicios están tan condicionados por nuestras creencias que prácticamente **todo el tiempo estamos
evaluando, creando expectativas y proyectando nuestro
interior** en lo que sucede fuera de nosotros y en las personas con las que interactúamos. De ahí que sea de vital
importancia estar conscientes del poder que tienen
nuestras palabras.

Cuántas veces te han contado algo de alguien, por
ejemplo, que una persona no es de fiar, que es un traicio-
nero, una persona sin moral y **sin cuestionarlo lo asumiste como una verdad**. Por eso es importante antes de
hacerlo preguntarnos, ¿para quién es así esa persona?,
¿quién le puso esa etiqueta?, ¿quién lo enjuicio de esta
forma?, ¿es real o sólo una opinión? Porque en más de
una ocasión me ha pasado haber llegado con una idea
preconcebida de alguien y llevarme la sorpresa de que esa
persona es totalmente diferente a la imagen que alguien puso en mi mente o más bien dicho que yo dejé
que alguien pusiera en mi mente.

Estar consciente de esto, nos lleva a asumir la responsabilidad de los juicios que nosotros expresamos
sobre otros y del cuidado que debemos tener con nuestras
palabras.

¡Vamos a netear!

Así que pregúntate:

1. *¿Quién serías **si no te importara** la opinión de los demás?*

_____

_____

_____

_____

2. *¿Cómo serías **si sólo te importara** tu opinión?*

_____

_____

_____

_____

3. ¿En quién te convertirías *si pudieras erradicar el juicio que te limita?*

_____

_____

_____

_____

Literal he dejado de asistir a reuniones o grupos cuya dinámica constante es hablar mal de los demás, porque yo me he cachado que en ocasiones estoy muy consciente de no entrar en el juego, pero en cuanto me descuido me voy tendida y casi sin darme cuenta **entro a la dinámica de expresar mi juicio de valor o de contribuir al que está dando una persona sobre alguien que a veces ni conozco**. Debo decirte que he desarrollado una gran habilidad para desviar el tema, y sin que nadie lo perciba llevar la plática hacia otro lugar a través de una pregunta que vaya con el tema del que se está hablando, no con la persona en cuestión o de plano me volteo con el de al lado y le saco otra plática.

Y, ¿por qué es importante **estar consciente de no enjuiciar al otro**? Porque eso también me entrena a no enjuiciarme a mí. Si cada que tengo una emoción de baja vibración, soy capaz de verla sin juicio, sin el autocastigo de calificarme como una mala persona por sentir algo que no es "lindo", o en contraste, no creerme la Madre Teresa de Calcuta cuando tengo una emoción de alta vibración, **voy a aprender a ser más compasiva conmigo**.

Mantenerme en la neutralidad, sin un juicio de por medio, me da paz y me permite vivir no desde lo que me hace falta para ser perfecto, sino **desde mis imperfecciones**. Es vital trascender nuestros juicios limitantes, desarrollar nuestra capacidad de observarlos para que éstos pierdan fuerza. Así que la proxima vez que te veas enjuiciándote o enjuiciando a otros, respira profundo y **empieza por no ponerles un calificativo**, por rechazar la creencia automática basada en la comparación de lo bueno y lo malo, porque al verte a ti mismo y al otro sin juicio te abres a la maravillosa capacidad de la aceptación. **En esta vida no se trata de ser perfecto, sino real**.

El no juicio te conecta con tu esencia,

con la esencia del otro,

con tu luz y su luz verdadera.

Tercera llave: flexibilidad

¿Cuántas veces te has quedado acomodado en la incomodidad generada por una situación a pesar de estar consciente de que las circunstancias no son las mejores para ti? ¿Cuántas veces te has quedado en tu **zona de confort** a pesar de que ésta te drena y te tiene mal?

Deseamos tener el control de nuestro entorno y que nada se salga de lo planeado, porque esto nos hace sentir seguros, pero es un hecho que esto es imposible, porque **en la vida existe la impermanencia**. Nada permanece inmóvil, todo está en **un continuo flujo de cambio** y como afirman los budistas las experiencias sean buenas o malas, pasan... siempre pasan. Por eso se habla de que la vida es como la rueda de la fortuna. A veces estás arriba, a veces estás abajo, pero **ambas posiciones son transitorias**.

Antes decíamos que una persona era inteligente cuando tenía una **gran capacidad mental**, cuando su desarrollo profesional era impecable y su conocimiento era basto, sin embargo, hoy también hablamos de otro tipo de inteligencia. La **inteligencia emocional** que radica en la manera en la que enfrentamos lo que vamos viviendo, el manejo de nuestras emociones y la flexibilidad que tenemos para adaptarnos a lo que sucede, sin dejar que el entorno nos aplaste, sino al contrario, **manteniendo nuestra fuerza y poder interno**.

Por eso hoy se afirma que **el elemento que tiene más poder e influencia en un grupo es el más flexible**, aquella persona que se mantiene aferrada a su estructura tiende a quedarse **atrapada en su propia cárcel de pensamiento**.

Muchos autores utilizan como **ejemplo de flexibilidad bambú o agua**. El bambú porque durante una tormenta se mueve y se dobla sin romperse recuperando al final su misma posición y el **agua**, como ya lo vimos, porque tiene la **capacidad de adaptarse al espacio que la contiene** sin perder su esencia.

La flexibilidad es una fortaleza y en los tiempos que vivimos aún más. Es importante aprender a flexibilizarnos y una manera de hacerlo es aprender de lo que otros han hecho en situaciones como las que nosotros estamos viviendo.

"Que hace el que hace lo que yo quiero hacer"

Darnos cuenta de que hay **otros caminos**, otras maneras de transitar la vida nos amplía el horizonte y nos ayuda a ver que **existen otras opciones** y no sólo la que nosotros estamos pensando.

Si algo amo en mi trabajo como escritora es el **proceso de creación** que se lleva a cabo en una **junta creativa**, porque alguien pone una idea en la mesa y a partir de ahí comienza a darse una verdadera lluvia de ideas en las que éstas van escalando y superando una a otra, en ocasiones complementándose o incluso después de haber analizado todas las opciones se regresa a la idea original, porque **después de valorar todas era la mejor**, pero esta actividad es un claro ejemplo de lo que es la flexibilidad, no existe un solo camino para llegar a Roma, sino muchos.

Nos flexibilizamos **cuando estamos abiertos a las ideas de otros** y no nos aferramos sólo a nuestro punto de vista. Cuando buscamos nuevos caminos creativos que no veíamos o nuevas dinámicas de acción **que amplían nuestra visión**.

La flexibilidad nos facilita la **adaptación a cualquier idea**, persona o situación, sólo que es muy importante tener claro que **adaptarnos no significa perder nuestra esencia**. Muchas veces se confunde y se cree que adaptarte es ceder ante el otro o ante la circunstancia desde la debilidad y no es así, al contrario, ser flexible implica mantener tu poder personal y desde ahí adaptarte a lo que está sucediendo a tu alrededor. Como el agua o el bambú que **no pierden su esencia** sino se flexibilizan ante lo que esté ocurriendo.

Hay quien cree que si **no planea todo a la perfección** no podrá subsistir un solo día, y puede que la vida le vaya saliendo como la pensó, pero el problema surge **cuando algo se sale de control**, cuando un imprevisto se detona y su mundo interno colapsa.

Tengo un amigo que había imaginado su vida de manera perfecta: "A los 25 voy a entrar a una empresa, a los 30 voy a ser el director de mi área, a los 33 me caso, a los 35 voy a ser director general y voy a tener mi primer hijo, a los 37 el segundo", y así año por año planeó lo que tenía que ocurrir y todo parecía funcionar, sólo que cuando a los 38 la empresa en la que trabajaba se declaró en banca rota, su mujer le pidió el divorcio y su mundo se rompió en mil pedazos. En él no existían **posibilidades alternas**, **sólo un camino**. Entró en tal crisis que pensó en quitarse la vida hasta que se dio cuenta de que ésta nos va presentando **las experiencias que necesitamos para ir evolucionando** y que su rigidez, proyectada en su plan perfecto, lo tenía preso de sí mismo. El aprendizaje no fue fácil, le llevó tiempo desarrollar la **flexibilidad** y **resiliencia**, pero hoy es un hombre que retomó su vida y aunque tiene un plan en su cabeza está abierto al mundo de las posibilidades. Dejó a un lado su viejo yo y a partir de lo ocurrido **creó uno nuevo**, mucho más flexible.

Bien valdría la pena preguntarnos:
- ¿Qué pasaría en mi vida si no me **flexibilizo**?
- ¿Qué puedo **perder** en mi vida si no exploro otras opciones?
- ¿Qué **miedo** está detrás de mi rigidez?
- ¿En que área de mi vida **no quiero hacerme flexible**?
- ¿En que área de mi vida no quiero **soltar mis estructuras**?
- ¿En qué área de mi vida **necesito flexibilizarme**?

En la búsqueda de la perfección, nos volvemos **rígidos**, inamovibles, **controladores**, tiesos, **queremos que todo salga como nosotros lo deseamos** y cuando esto no ocurre así, no sabemos cómo actuar, nos olvidamos de la flexibilidad, de irnos adaptando al menú que la vida nos pone enfrente y lejos de tener mayor fuerza interna nos debilitamos, nos contraemos porque no sabemos cómo reaccionar. Por eso pase lo que pase fuera de nosotros es vital **no olvidarnos de quiénes somos**, de **nuestra conexión con la Luz**, porque a partir de ahí del yo soy, de nuestro poder interior tendremos la capacidad necesaria para convertirnos en un ser flexible que se va moviendo libremente con **la marea de la vida** sin dejar de ser nosotros mismos.

La vida siempre toma caminos nuevos, por miedo queremos aferrarnos a lo que tenemos o incluso ya no es. El desafío es **seguir confiando en que nuestra alma** siempre está en donde tiene que estar y con quien tiene que estar.

Así que flojitos y cooperando, porque en lo nuevo, **en lo que está por venir, se encuentra nuestro mayor potencial** y la mejor versión de nosotros mismos.

Sé como el bambú,
sé como el agua
y permítete fluir.

Cuarta llave: la brecha

Como hemos visto, **revisar nuestras creencias limitantes es crucial**. Detectar las que son limitantes o las que ya no van con nuestra vida actual nos hace crear **un nuevo futuro para nosotros**.

La única forma de obtener resultados distintos es hacer cosas distintas.

Si yo siempre le pongo los mismos ingredientes a un pastel de tres leches, me puedo convertir en la experta en ese pastel, pero siempre será el mismo. Yo era la niña perfecta de diez y ya me sabía todos los trucos para obtener amor con base en esta conducta y si tú, por ejemplo, eres manipulador, chantajista o víctima ya sabes qué hacer para caer en el mismo círculo, y obtener el mismo resultado, pero **si modificamos nuestro patrón de conducta lo nuevo que se manifieste en nuestra vida será diferente**. Si yo le añado chocolate a la receta del pastel obtendré un nuevo pastel, aunque en su esencia siga siendo de tres leches.

Una herramienta que nos permite revisar nuestra vida y tener claridad en los elementos con la que podemos aderezarla es la brecha. Debemos preguntarnos **en dónde estoy hoy y a dónde quiero llegar** en cada área de nuestra vida. En el diseño de vida ideal existe el anhelo por lograr el equilibrio, pero en la vida real la mayoría de nosotros nos enfocamos más en un área de nuestra vida que en otra y, en ocasiones, ni siquiera nos damos cuenta de que **hay zonas que carecen de nuestra total atención**, por eso como primer paso **tenemos que analizar con toda honestidad en dónde estamos**, en dónde queremos estar, y qué tenemos que hacer para llegar a la meta deseada.

Recorrer la brecha conlleva una **intención**, pero también una **acción**. Las cosas no se dan sólo porque sí, requiere de movimiento, que tengamos el ímpetu **por generar el cambio**. Porque por más que yo quiera hacer un pastel distinto al de siempre, si yo al imaginar que lo quiero con un toque de chocolate, no saco dinero, ni voy a la tienda, ni busco el chocolate, ni lo compro, regreso, lo derrito y lo mezclo con la masa original, no sucederá nada, seguiré haciendo el mismo pastel de tres leches **con la frustración de saber que existe una opción distinta que puede ser deliciosa**, pero que decidí no hacer. ¡Ah! Porque **"no hacer" también es una decisión**.

Para lograr ser una **mejor versión** de nosotros mismos es vital lo siguiente:

- Darnos cuenta **cómo es** nuestra vida hoy.
- Saber **cómo nos gustaría** que fuera.
- Hacer **una estrategia** para llegar a nuestra nueva meta deseada.

Porque...

los sueños no llegan solos, los sueños se trabajan.

Hay que ir con todo para conquistarlos.

Del tamaño de nuestro deseo será el tamaño de **nuestro logro**. Muchas veces decimos que deseamos algo, cuando en realidad sólo lo queremos en nuestra vida. El deseo no tiene la fuerza de materializarse porque no tiene la fuerza, ni la energía necesaria para manifestarse e incluso en nuestra mente no se encuentra presente de manera frecuente. Mientras que **el deseo que surge del alma, a ése no lo para nadie**. Este deseo busca encontrar su forma en el mundo, sin importar los obstáculos que encuentre en el camino, y hará todo para que el Universo lo escuche y le dé vida.

¿Cuáles son tus verdaderos deseos?

Reflexiona en cuales darías la vida por alcanzar y los porqués o para qués. De **la fuerza** con la que nazcan tus deseos **dependerá su materialización**, así que ponte en contacto con tu verdadero ser, porque ahí estará **la energía para concretarlos**, la semilla del cambio y de la autorrealización.

Así que primero empecemos con toda honestidad a analizar **en dónde te encuentras hoy**.

• Califica del 1 (lo más bajo) al 10 (lo más alto) cada área de tu vida dentro de la rueda de la vida presente.

Antes de empezar a trabajar en la rueda de la vida hacerte preguntas te ayudará a tener más claro **cuál es tu realidad en cada área**, para más tarde poder definir la meta o deseo real a alcanzar.

Te doy algunos ejemplos de las preguntas que puedes realizar en cada área.

VIDA PRÁCTICA:

SALUD

• ¿Cómo está tu salud en general?
• ¿Comes saludable?
• ¿Haces ejercicio?, ¿qué tan frecuente?
• ¿Tienes el peso adecuado?
• ¿Tienes una buena condición física?

AUTOIMAGEN

• ¿Te gusta cómo eres?
• ¿Sabes cuáles son tus fortalezas y debilidades?
• ¿Te amas a ti mismo?

- ¿Qué tanto te enjuicias y te criticas?
- ¿Aceptas tu cuerpo tal y como es ahora?

VIDA SOCIAL:

SERVICIO SOCIAL

- ¿Cómo ayudas a otras personas?
- ¿Existe el deseo de ayudar a los demás?
- ¿Descubriste en ti un don o talento que puedas compartir?
- ¿Te sientes bien compartiendo con los demás?
- ¿Te das tiempo para dedicarlo a ayudar a otros?

DIVERSIÓN

- ¿Disfrutas de la vida?
- ¿Tienes un hobbie y lo practicas?
- ¿Sabes gozar la vida?
- ¿Cuántas horas de tiempo libre tienes al día?
- ¿A qué dedicas tu tiempo libre?

VIDA DE NEGOCIOS:

FINANZAS/DINERO

- ¿Ganas lo suficiente para vivir como deseas?

- ¿Ahorras?
- ¿Llevas una buena administración?
- ¿Cómo calificas tu nivel económico?
- ¿Podrías generar más dinero si te lo propusieras?

CARRERA/TRABAJO

- ¿Disfrutas de tu trabajo?
- ¿Tienes una buena proyección de crecimiento?
- ¿Compartes los valores de tu empresa?
- ¿Cuánto tiempo dedicas al trabajo?
- ¿Hay estabilidad en tu trabajo?

PROPÓSITO DE VIDA:

CRECIMIENTO PERSONAL

- ¿Estás aprendiendo algo nuevo?
- ¿Le dedicas tiempo a tu desarrollo personal?
- ¿Lees o asistes a cursos seguido?
- ¿Te sientes la misma persona que hace cinco años?
- ¿Le sacas provecho a tus vivencias?

ESPIRITUALIDAD

- ¿Te sientes conectado con tu mundo interior?

- ¿Te sientes feliz con la vida?
- ¿Tienes consciencia de tus pensamientos y emociones?
- ¿Agradeces todas las bendiciones recibidas?
- ¿Eres proactivo?

VIDA AMOROSA:

PAREJA/ROMANCE

- ¿Tienes pareja?
- ¿Disfrutas de la sexualidad con tu pareja?
- ¿Comparten los mismos valores o intereses con tu pareja?
- ¿Te sientes amado?
- ¿Hacen cosas juntos?

FAMILIARES Y AMIGOS:

- ¿Les dedicas tiempo a los amigos?
- ¿Compartes experiencias con la familia?
- ¿Organizas planes con la familia y/o con los amigos?
- ¿Tienes una buena relación con tus padres y/o hijos?
- ¿Tienes a tu familia cerca de ti?

RUEDA DE LA VIDA PRESENTE*

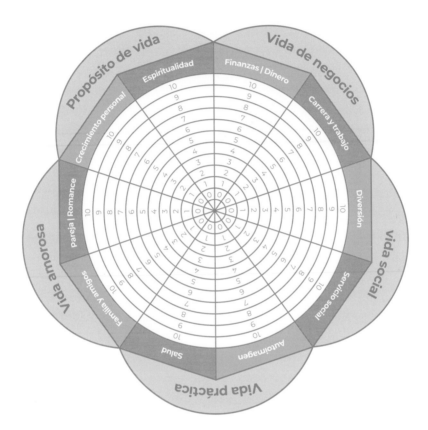

¿Listo?

Ahora toma una pluma de color y une los números que elegiste en cada área de tu vida. Te darás cuenta de que la forma que se crea está muy alejada del círculo perfecto que implica **una vida en total equilibrio**.

* Material inspirado en el curso ADN COACH.

EJEMPLO:

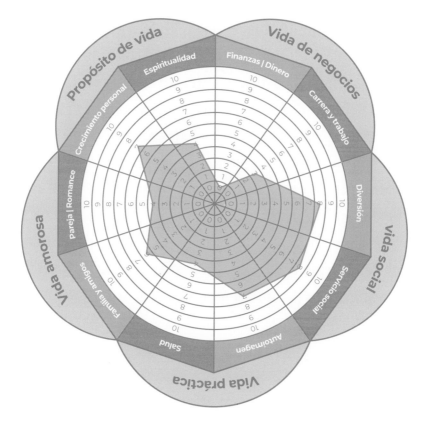

Ahora date un momento y **regálate una visión de tu futuro**. En cada área piensa a dónde quieres llegar en cierto lapso. Te aconsejo hacerlo en un rango de uno a tres años máximo. Elige un tiempo en concreto. **Cierra los ojos, y vete ahí en ese futuro**. Comienza a crear redes neuronales que tu cerebro siga como caminos de ruta. Entre más detalles veas, entre más viva sea la imagen mejor, ve cómo se siente, cómo huele, qué traes puesto, cómo es el entorno. Y ve señalando el número correspondiente a donde quieres llegar en tres años.

Hay que ser honestos y realistas al contestar y al planear la acción, si yo quiero tener un cuerpo de 90-60-90 pues vuelvo a nacer o me someto a una cirugía radical, pero si me pongo como meta bajar cinco kilos y hacer ejercicio tres días de la semana, podré alcanzar mi meta de **tener un cuerpo más flexible y tonificado** ya que esto sólo dependerá de mí.

¿Si hoy no tengo pareja y deseo tener una, depende de mí? Tenerla no, trabajar en mí para subir mi frecuencia para que quien llegue sea una mejor persona, sí.

Uno atrae lo que trae.

Así que lo primero que tengo que hacer es convertirme en esa persona que considero que es una buena opción romántica y después añadir a mi vida social nuevas actividades que me lleven a conocer gente, encontrar un nuevo hobbie, entrar a una app o pedirle a mis amigos que me presenten a alguien. Tener una pareja no sólo depende de mí, pero sí puedo hacer todo lo que esté de mi parte para lograrlo y después soltar el resultado. Aferrarme a la idea de una pareja específica, o una que tenga nombre o apellido, sólo me conducirá a la **frustra-ción** si ésta no se da. Así que sé realista y ponte metas que sólo dependan de ti.

RUEDA DE LA VIDA FUTURA

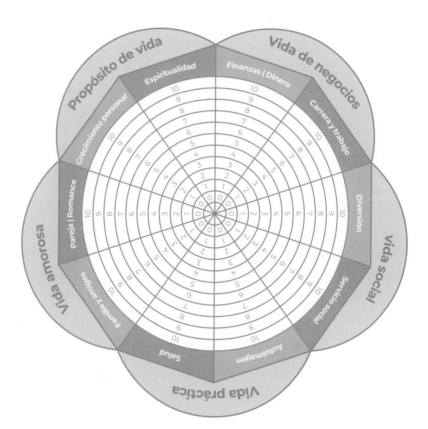

El siguiente paso es que si ya tengo el chocolate, las imágenes de a dónde deseo llegar, ahora tengo que **definir el mapa de ruta**. Qué acciones tengo que seguir en cada área de mi vida para lograr mi meta o sueño. Son los escalones que tengo que ir subiendo, son los pasos de la receta que tengo que seguir para hacer mi pastel.

Acciones para lograr mi **meta**:

Haz **cinco columnas** por cada área y llénalas de la siguiente manera, te será más fácil seguir un plan de acción. Pongo un ejemplo: una persona siente que la relación con **su pareja está desgastada**, pero le interesa trabajar en ella, ama al otro sólo que **hay mucha distancia**. Su pareja se queja de que trabaja mucho, de que no le da tiempo de calidad y que su actividad sexual ha bajado.

Entre más específico seas al diseñar la **ruta de acción**, mejor. Te será más fácil seguirlos.

En este caso en específico **todos los puntos pueden ponerse en acción** prácticamente al mismo tiempo. En otros casos, cada paso va conduciendo al siguiente y quizá requiera de especificar tiempo y espacio.

Área: Vida amorosa: pareja/romance

¿En dónde estoy?	¿En dónde quiero estar?	¿En cuánto tiempo?	7 acciones	Pasos a seguir
4	8	1 año	No llevaré trabajo a casa.	Llegar al trabajo 30 minutos antes.
			Los viernes sólo haré planes en pareja.	Pasar al lunes la reunión con mis amigas.
			Los martes organizaré noche de series y cena para dos.	Contratar una nueva plataforma de entretenimiento.
			No usaré el celular para contestar cosas del trabajo después de las ocho.	Informar en mi oficina que después de las ocho de la noche me dejen recados.
			Compraré ropa sexy.	Ahorrar "X" cantidad de mi quincena.
			Tomaré la iniciativa en la cama.	Comprar libros de sexualidad y aceites para dar masajes.
			Estaré más atenta en escuchar al otro.	Concentrarme en él cada vez que estemos platicando.

Supongamos la siguiente situación:

Una persona acaba de terminar la universidad y en un año quiere generar dinero para mudarse a vivir solo.

Área: Vida de negocios: finanzas/dinero

¿En dónde estoy?	¿En dónde quiero estar?	¿En cuánto tiempo?	7 acciones	Paso a paso
0	6	3 años	Definir mis áreas de oportunidad y talentos.	Tomar un curso de marca personal.
			Hacer mi currículum y perfil digital. Analizar mi huella digital y limpiarla.	Checar qué apacere en internet si busco mi nombre.
			Analizar el mercado y sus necesidades. Lista de empresas en las que puedo trabajar.	Buscar a "X" para que me asesore porque él lleva cinco años en la industria.
			Aprovechar mi red de contactos. Llamar a tres personas cada día.	Hacer una lista de contactos.

				Distribuir el currículum/perfil en internet.	Hacer una lista de sitios de empleos, empresas, networking.
				Asistir a las entrevistas con la imagen adecuada.	Comprar un vestido o un traje e irme a cortar el pelo.
				Darle seguimiento.	Todos los días revisar mis correos y llamadas.

Debemos tener claros los pasos a seguir para **conseguir una meta** que nos acerca a ella.

La intención sin acción es sólo un deseo que generalmente te lleva a la frustración.

La frustración se genera porque ya te viste en una nueva situación, pero sentado en tu cama no sucederá, así que si te quedas ahí vivirás con el quise, con el "hubiera" y perderías mucha energía justificando por qué no se te dio, cuando en ti, y sólo en ti, siempre estuvo la posibilidad de alcanzar una meta.

En ti está iniciar un proceso de cambio.

Te recomiendo **tener tu rueda de la vida futura cerca de ti**, verla constantemente e ir reconstruyendo en la mente las imágenes creadas sobre el futuro que quieres construir. Esta nueva visión de ti es como el chocolate del pastel.

Al no estar conscientes de que **nosotros podemos diseñar nuestra vida** es común que perdamos el tiempo, sin darnos cuenta de que éste es un elemento valiosísimo y no renovable. De repente podemos pasar un año, cinco o veinte viviendo una misma situación cuando en nosotros estaba la opción de ponernos los tenis y comenzar a andar la brecha que nos conduce a un nuevo estado físico, emocional, mental y espiritual.

Crear tu rueda de la vida es un **ejercicio muy poderoso** y que te da gran claridad. Al hacerlo me di cuenta de que estaba muy lejos de obtener diez de promedio general y que incluso en varias áreas estaba "reprobada", y aunque **fue duro ver que mi vida tenía un gran desequilibrio**, fue motivador darme cuenta del trabajo interno y externo que tenía que hacer.

Ahora, si quieres ir aún nivel más profundo podrías **añadir una sexta columna** y pregúntate en cada área e incluso en cada paso a seguir:

¿Existe alguna creencia limitante que me impida lograr lo que deseo? Si la hay... ¿Cuál es? ¿Es real? ¿Sigue siendo real hoy en día? ¿Puedo desarticularla? ¿En mí está eliminar esa creencia limitante y cambiarla por una empoderadora?

Date cuenta que hoy estás aquí y ahora en tu estado actual, pero que...

En ti está la posibilidad de crear la vida que deseas.

Poder ver con claridad que existe una brecha a recorrer nos anima, nos hace querer **entrar en acción**. Quizá en este lapso de un año tú hayas decidido subir dos o quizá cinco escalones, te aseguro que cuando vuelvas a hacer este ejercicio en un año habrá nuevos escalones por recorrer. Esto es lo maravilloso de la vida, **siempre podemos llegar más alto** y sorprendernos en el camino porque no todos los caminos son rectos, en sus curvas aparecen las sorpresas, las nuevas direcciones, los nuevos retos.

Por experiencia sé que no siempre es fácil salirte de la rutina, de los caminos conocidos, pero para elegir las nuevas acciones a tomar es necesario hacer uso de flexibilidad, de creatividad y de **trascender la opinión de los demás**.

En el espacio de las voces que te habitan, además de las de la familia también están las de los amigos y la sociedad que te rodea, y el cambio que tú hagas en tu vida también los afecta. **Muchos aplaudirán tus acciones, otros las criticarán** porque quizá nos les guste la nueva persona en la que te convertirás, pero **ésta es una decisión personal** y tus motivaciones tienen que ser firmes y coherentes porque para lograr tus nuevas metas en más de una ocasión tendrás que **salirte de las rutas conocidas y aprender a vivir fuera de caja**.

    Atreverte a ser diferente te conecta con tu potencial, con tu poder personal y con el **placer de vivir**. Aceptar que no eres un ser perfecto, pero sí perfectible es un regalo, al menos para mí lo fue y cada vez que subo un escalón en algun área de mi vida me pongo mi estrellita imaginaria en la frente porque desde que **yo me convertí en mi propia autoridad, en mi propia fuente de inspiración** ya no necesito que nadie me la ponga. ¿Cuántas estrellitas vas a ponerte tú?

Quinta llave: encontrar el alto significado

Vivimos en un mundo en el que cada vez hay **mayores alternativas en todo lo que nos rodea**. Hoy los caminos son tan diversos que hasta para ir a comprar un litro de leche podríamos pasar varias horas tratando de elegir cuál llevarnos: natural, deslactosada, *light*, con toque de vainilla, soya, almendra, arroz, 10% grasa vegetal, etcétera. Hoy con tan sólo un clic podemos tener en internet toda la información generada hasta este momento o acceder a cualquier persona y objeto que queramos. Dicha accesibilidad e inmediatez nos ha conducido a generar en contraste una cultura *light*, en la que por la facilidad que tenemos de acceder a lo que deseamos, tendemos a desechar o a buscar una fácil reposición; no sólo de las cosas materiales, sino incluso de las relaciones que tenemos, haciendo a un lado el valor intrínseco que éstos tienen. En gran medida **hemos dejado de apreciar el alto significado de las cosas y de las personas** que nos rodean.

Viendo la serie de **Marie Kondo**, la japonesa que se ha hecho famosa por organizar de manera funcional una casa, me llamó la atención algo. Su filosofía detrás de la actividad que realiza, ya que ella sostiene que una casa ordenada genera felicidad en quienes la habitan. Existe un principio metafísico que dice: "Como es adentro es afuera, como es afuera es adentro", y ella supo aplicarlo y encontrar una manera de poner orden afuera, ponerlo también en la mente de quienes viven en una casa ordenada. Pero lo mas increíble fue verla llegar a un clóset atascado de ropa y pedirle al dueño que comenzara a poner orden sacando todas las prendas, poniéndolas sobre su cama y luego una a una fuera sintiéndolas para preguntarse con cuáles quería quedarse no porque le gustaba, no porque fuera costosa, no porque le recordara a alguien, no porque estuviera convencido de que ahora sí la "usaría", sino **porque le provocaba ¡felicidad!**

¿Te das cuenta del alto valor que le estaba dando a cada objeto que hay en una casa? ¿Alguna vez te has preguntado si tu almohada, si la foto, si el adorno, o si el pantalón que usas te provoca felicidad? A mí se me hizo increíble. Porque hay estudios que comprueban que **el cuerpo responde de manera inteligente a todos los estímulos que lo rodean**, por medio de la kinesiología se puede determinar si tu cuerpo está "abierto o no" a asimilar un alimento con tan sólo acercarlo, si le hace bien la presencia de alguien o no, si el lugar en el que habitamos **contribuye a nuestro bienestar** o no, y preguntándole con esta técnica específica se obtiene respuesta clara y contundente, pero estamos tan poco conscientes de nuestros distintos cuerpos que los damos por sentados y tenemos poca consciencia de ellos.

Ahora imagina lo que sería tu casa, si cada adorno, libro, planta, mueble, ropa, fueran objetos que en consciencia **estuvieran a tu alrededor porque te provocan felicidad**. Y yo creo que todos tenemos cosas que tenemos porque sí, las cuales sería fácil quitarlas, pero mentalmente justificamos que es mejor acumularlas, aunque no tengan un efecto positivo en nosotros. **Aprender a vivir ligero y con alto significado en nuestra vida es un reto, pero también un regalo**.

Tengo una amiga que consciente de esto cada vez que va a comprar algo la veo preguntarle a su cuerpo si eso que va a adquirir es bueno para ella. Incluso puede haber un stand en el súper con la misma crema, que ella va tomando una a una, la pega al cuerpo y pregunta en silencio: ¿Esta crema me da felicidad? ¿Es buena para mí? Y hasta que siente que encontró la indicada, con la que se siente bien se la lleva. Es decir que **hace una compra completamente consciente y no en el impulso** del consumismo.

Poner esto en práctica, como todo lo que he compartido contigo es conducirnos a vivir una vida más consciente y en plenitud, ésta es **la mejor manera de ir convirtiéndonos en la mejor versión de nosotros mismos**. Pero lo cierto es que hemos vivido por mucho tiempo sin saber estar presentes en el momento e incluso priorizamos el *multitask*, porque tener muchas actividades al mismo tiempo te da prestigio. Es más, en ocasiones ni siquiera somos capaces de ir al cine o ver una serie entregados al maravilloso proceso de la experiencia, porque al mismo tiempo estamos conectados a la red impidiendo vivirlo al cien o ya es común estar con alguien frente a frente, pero eso sí chateando al mismo tiempo con otras personas que están en un lugar lejano. **Nos estamos perdiendo del regalo del aquí y del ahora.** Hemos cambiado nuestro foco de atención y hemos dejado de jerarquizar en nuestra vida lo que es realmente importante y tiene un alto significado, para llenarnos de tareas y de objetos que en realidad poco nos aportan.

Hacer un alto y cuestionarte qué es lo que hoy es importante en tu vida, qué es lo que le da un alto significado, es vital.

Y al igual que cuando cuestionamos las creencias que nos soportan algunas perdieron su fuerza y se evaporaron, **cuando vuelvas a priorizar con la consciencia de lo que te da felicidad**, lo que es realmente valioso para ti **te llevarás muchas sorpresas.**

1. Haz **tres listas**:
- Revisa, ¿qué personas están en tu vida **porque sí** o porque tienen un alto valor para ti?
- Distingue, ¿qué cosas te rodean que **te dan igual** y cuáles sí te importan?

- Analiza, las acciones que haces **por hacer** y las que tienen un alto valor o significado para ti.

2. Ahora toma cada lista y jerarquiza las personas, las cosas y las acciones por **orden de importancia**.

3. Escribe cuál es el valor o beneficio que tiene cada una.

Hacer este ejercicio te hará **priorizar tus acciones y jerarquizar** lo que es realmente importante para ti y poder decidir con claridad a quién o a qué le dedicas tu valiosa energía y tiempo porque tienen un alto valor.

En mi caso, **el ejercicio nunca fue lo mío**, yo priorizaba una hora más de dormir en lugar de una hora de ir a gym. No había forma de cambiar esta conducta hasta que le di un alto significado al ejercicio y me di cuenta de que si quería seguir teniendo movilidad con los años, poder seguir viajando y caminar a mi gusto gozando de una buena circulación era trascendente llevar una rutina física, porque por mi labor como escritora paso horas... horassss enteras al día sentada frente a una computadora en total sedentarismo. Así que me movía o me movía, y a la hora que el despertador suena, respiro profundo me levanto sin decir palabras y me voy al gym. **Romper mi tendencia a seguir en cama no ha sido fácil**, se trata de voluntad y de hoy haberle dado un alto valor al ejercicio.

Es decir que no siempre lo que es valioso es el camino más fácil, ni el que transitaremos sin ningún esfuerzo, pero si es el que nos traerá mayores beneficios y todo es cuestión de **romper la inercia**.

Es tan poderosa esta herramienta que **los hinduistas hablan de ponerle intención a todo lo que hacemos**, e incluso ir mas allá, **ofrendar lo que hacemos**: "Que esto que hago hoy ayude al bienestar de mi país", "Que esto que gasto hoy al pagar esta nueva chamarra ayude a activar la economía de quienes la hicieron", "Que este libro que estoy escribiendo **ayude al despertar de muchos** que como yo buscan una respuesta".

¿Te imaginas que las acciones más importantes que hacemos tuvieran esta vibración?, pero en la práctica no es así, seguimos en nuestro **piloto automático**, en nuestro propio condicionamiento del que nos urge salir, porque de esta manera aun aquellas actividades que no nos gustan tendrán otro significado.

Te cuento una anécdota que me conmovió. Llegué a mi clase de **kabbalah** y había un hombre de la tercera edad poniendo las sillas para la clase, quisiera poder describirte su actitud al hacerlo: agarraba una silla, bailaba con ella, sonreía, la ponía en su lugar y la limpiaba cariñosamente con su trapo. Me hizo reír su actitud y pensé "Seguro hoy está muy contento", y lo dejé pasar, pero para mi sorpresa eso se repitió en las siguientes clases. Él siempre con esa **actitud tan echada para delante**. Así que un día me acerque a platicar con él y me llevé una gran sorpresa. Al preguntarle por qué siempre hacía su trabajo con esa actitud, con esos ojos que sonreían y esa sonrisa que hablaba sola me respondió: "Porque **mi labor aquí es muy importante**. Yo pongo las sillas en las que personas como usted llegan y se sientan para aprender y tener una mejor vida. Sin las sillas que pongo no podrían hacerlo. Así que mi trabajo es muy importante".

Me quedé fría, ese hombre era sabio, de manera intuitiva sabía que todos somos energía, que la intención con la que hacemos las cosas eleva nuestra vibración y que todo y todos nos influimos unos a otros. A esa simple silla él le inyectaba su amor, su intención y le daba un propósito de vida distinto a que si todos los días hubiera colocado esas mismas sillas de manera automática. Sin duda, ese día recibí una gran lección.

Encontrarle el alto significado a lo que hacemos nos hace ver cada acción que realizamos con un propósito más elevado de la simple tarea, de la simple actividad. Cuando estamos conscientes y honramos estos "sacrificios", "jornadas pesadas" y obstáculos" adquieren otra dimensión y le dan un mayor sentido a nuestra vida. Encontrar el alto significado en nuestra vida **nos empodera y nos conecta con el placer de vivir**.

Sexta llave: apuéstale al amor, encuentra los para qué

La palabra amor está **sobrevaluada** y más bien dicho diría **desgastada**. La decimos tan fácilmente que muchos al oírla la repelen, la llaman cursi, les estorba. Sin embargo, es la emoción de más alta frecuencia y nos conecta con **nuestra verdadera esencia**.

Su poder es tal que **cuando vibramos con el amor nada más importa**, porque nos sentimos completos, nos sentimos uno con el universo, con el otro, con nosotros mismos. De este tipo de amor, **del amor que viene de la luz** hablo, no sólo del amor romántico.

Es difícil creer que si el amor es tan sanador y es capaz de conectarnos con nuestra verdadera naturaleza no recurramos a él **para alimentar nuestro ser**, para arreglar nuestras diferencias, para hacer un mundo mejor. Curiosamente nos resulta más fácil correr al miedo y establecernos en éste. Pero **en el amor existe un aspecto increíble** y es que éste es expansivo y sus ondas de energía se proyectan e influyen en nuestro alrededor.

Nuestro reconocimiento como seres de luz es parte del **despertar de consciencia** que estamos teniendo los seres humanos. Ojalá todos tuviéramos este despertar al mismo tiempo, pero **al estar en proceso cada quien va a su paso**. Hay quienes están aún apegados a nuestra parte más animal, a la **parte más instintiva** y les resulta difícil asumirse como parte de la Luz, mientras que otros hemos decidido tomar **el camino de la consciencia, del amor y de la espiritualidad**.

Pero lo que es un hecho es que entre más conscientes estemos del gran potencial que tenemos **nos será más fácil transitar las situaciones difíciles** que se nos presenten, porque muchas veces esos duros golpes de la vida sólo tienen la intención de **redireccionarnos**, de descubrir **en dónde no nos estabamos amando** para llevarnos a un mejor lugar interno; si decidimos asimilar la experiencia vivida no como un fracaso, sino como un aprendizaje.

Porque **no existe el fracaso**, nos han hecho pensar eso, porque es más fácil castigarnos, dejar de amarnos, sentirnos culpables y limitados que agarrar al toro por los cuernos y decir: "Esto me pasó", "Estos errores cometí y ahora, con base en el amor que me tengo, voy a ver qué provecho obtengo de ellos". Sacarle la esencia a la experiencia vivida nos permite apreciar el **para qué** de su existencia porque **en aquello en lo que nos equivocamos**, en lo que nos rechazaron, en lo que nos rompió el corazón, **está el regalo de la evolución**. Si no le sacamos jugo estaremos desaprovechando lo que ese hecho o esa persona nos dejaron **en su paso por nuestra vida**.

Todo nos pasa por algo,

Así que averigüemos qué es ese "algo".

La única manera de entender esto es cuando analizas tu vida hacia atrás y lo haces con total compasión. ¿Mientras estás viviendo una situación y estás inmersa en ella nos resulta complejo entender **para qué sucedieron las cosas**? Surge la queja con los "¿por qué a mí?", "pobre de mí", pero esto sólo lo dice quien está instalado en el papel de la víctima, **trascender ese nivel** e ir al siguiente es preguntarte:

- ¿Para qué me sucedió eso?
- ¿Para qué llegó esta persona a mi vida?
- ¿Para qué se fue esa persona?
- ¿Para qué perdí el trabajo?
- ¿Para qué me rechazó esa persona?

Siempre he pensado que **la vida es como ese juego infantil** en el que vas uniendo los números de manera secuenciada, y que vienen marcados en una hoja. Comienzas con el 1, vas al 2, luego al 3 y así hasta terminar, y al hacerlo descubres que había una manzana, un avión o perro. Y eso sucede cuando vas uniendo en retrospectiva las líneas de los acontecimientos más importantes de tu vida. Obviamente **hay momentos llenos de dolor que no quisieras vivir**, pero con el tiempo entiendes que aun esos tuvieron su función, tuvieron un "para qué".

Te doy dos ejemplos:

En mi caso tuve un aborto espontáneo que me llevó a una depresión profunda al perder al bebé de mi segundo embarazo, pero si yo no hubiera perdido a Alexa, Andrea —mi tercera hija— no hubiera llegado a mi vida y ella, junto con Daniel, han sido mi mayor bendición. **En su momento dolió y dolió muchísimo** y no sé cómo hubiera sido la vida con Alexa, pero su ausencia permitió que otro "ángel" llegara a mi casa. Así que hoy entiendo para qué su alma decidió sólo estar en mi vida una corta temporada, las enseñanzas a través del dolor profundo por su ausencia y el espacio de amor que dejó tenían la función de **preparar el terreno** para que su hermana Andrea llegara a mi vida y para que yo iniciara un camino

de aprendizaje y despertar profundo, porque estaba en una época en la que daba todo por hecho y tenía poco agradecimiento por la vida.

Por otro lado, **yo era muy... muy feliz** como conductora de televisión del programa de revista en el que trabajaba todas las mañanas. Fue una época muy divertida y hermosa, sin embargo, después de estar cuatro temporadas se terminó esta actividad para mí. **En ese momento lo viví con una gran nostalgia** y el deseo de seguir a cuadro me llenaba de una gran frustración, pero como me había ido muy bien como escritora mis jefes decidieron que debía dedicarme sólo a esta profesión. Yo me peleaba y decía puedo con las dos cosas, no obstante la otra puerta se "cerró". Aún conduzco cada que me invitan aunque no sea de manera permanente, porque en realidad amo hacerlo, pero al cerrarse la opción de seguir siendo titular de un programa, me dediqué a escribir más y más, y hoy las telenovelas y series escritas por mí han sido vistas por millones de personas en todo el mundo y éste es mi séptimo libro, cuando jamás imaginé ni siquiera que iba escribir el primero. Hoy entiendo que **para eso me cerraron esa actividad**, y cuando digo me cerraron me refiero a una inteligencia superior, porque, aunque en su momento me era difícil de asimilar hoy sé que yo estaba destinada a dar entretenimiento a la gente con mis historias y a través de los libros iba a compartir las filosofías de vida que otros han compartido conmigo para tener una mejor calidad de vida.

Si revisas tu vida, podrás enumerar cuáles son esos giros de 180° que te tocó vivir y cuál fue la razón de su existir. Te aseguro que no sólo te redireccionaron, sino que algún beneficio, don o talento se generó a partir de él. En cada crisis hay un llamado del universo, un nuevo descubrimiento de tu ser. Nuestros poderes más profundos aparecen cuando la vida se nos ha puesto más difícil y cuando requiere que nosotros saquemos nuestra chispa divina.

Entender esta forma de conducirse que tiene la vida, este plan maestro superior te ayuda a ser más amoroso con tus procesos, a aceptar de una manera más compasiva los momentos difíciles de vacío, de profunda sensación de no encontrar el sentido. Te lleva a darte cuenta de que estos cambios no dependen de ti, que están marcados para que tú te conviertas en una mejor versión de ti mismo, porque si observas el proceso y descubres el para qué de esa experiencia difícil te conectarás con el camino del agradecimiento al descubrir cuál fue la bendición escondida detrás de ese hecho.

Cuando agradecemos estamos valorando, apreciando, conectando con la célula madre, con el origen, con la luz.

Y esto en automático nos hace estar en una vibración muy alta, porque **estamos reconociendo las bendiciones que muchas veces ni siquiera percibimos**, y al hacerlo, nos conectamos con las cosas bellas de la vida, con esas que nos llenan el corazón de felicidad.

Para entrar en los días soleados del ser que están impregnados de felicidad sin ninguna razón o motivo aparente **debemos salir de las noches oscuras del alma**. Muchas veces creemos que la felicidad sólo es producto de un hecho que nos sucedió, de un reconocimiento, de un premio, de la presencia de una persona o de una mascota, pero lo cierto es que **aprender a generar felicidad sin razón es la opción más amorosa que podemos darnos**.

Porque **la felicidad no es pensar que la vida no tiene broncas**, es aprender a ver lo bueno aún dentro de las experiencias más complejas, es **darte la oportunidad de salir del caos** porque sabes que el siguiente paso te llevará a **un mundo interno mejor**, es aprender a bailar bajo la lluvia o hasta debajo de la tormenta.

Existen bendiciones ocultas en todo lo que nos sucede, nos redireccionan para tener frente a nosotros la posibilidad de **sacar nuestro máximo potencial**.

Por ello te invito a que **enumeres los puntos de quiebre que ha habido en tu vida**, las capacidades o habiliades que te ayudaron a superar esas pruebas y la enseñanza o dones que éstas te dejaron. Te sorprenderás de lo que descubrirás en ti.

1. Haz **tres listas**:

• ¿Qué fue lo que me pasó?, ¿cuál fue la **experiencia vivida?**

• ¿Con qué herramientas superé el punto de quiebre? ¿Qué me ayudo a salir adelante?

• ¿Qué aprendí? ¿Cuáles fueron las bendiciones detrás de la experiencia de dolor?

2. Después haz una lista de **las cosas que tienes que agradecer**. Estar consciente de los regalos que lo vivido te dejó, te lleva a querer ser la mejor versión de ti mismo.

Yo agradezo que gracias a _____

Yo hoy _____

Estar vivo es un regalo
y sólo tú pudes quitarle el moño,
desenvolverlo y disfrutarlo.

Séptima llave: activar la alquimia

El único que puede transformar tu vida eres tú. El único que puede tomar el mando de sus pensamientos y emociones eres tú. **El único** que puede redirigir su atención al momento presente **eres tú**. El único que tiene poder sobre ti eres tú. ¡No te parece esto increíble!

Estar consciente de este poder te aleja de endosarle facturas a alguien más y te lleva a **hacerte responsable de tu existir**, te lleva a resignificar tu vida y reescribir tu propia historia y ese es un privilegio.

Y si has continuado leyendo el libro hasta este momento es porque en ti también se está dando **el chispazo de despertar de consciencia** que se dió en mí, porque si hoy comparto contigo todo lo que he ido aprendiendo en mi formación como *coach* de vida y en mi camino espiritual es porque **estas herramientas me han servido a mí**.

De la niña de diez me convertí en la **presidenta del club de víctimas**, era yo tan dependiente y manipuladora que hoy me parece que era otra Martha, pero **la Luz no me quería atrapada en ese juego de aparente control y sufrimiento** y me sacó de mi zona de confort al mandarme piedras enormes en el camino, que me llevaron a ver lo cruda que es la vida y el reto que requiere aceptarla como es, pero también, me permitió ver **la bendición escondida en cada momento difícil** y la oportunidad de convertirme en mi propia maga, en mi propio alquimista.

Muchas veces cuando ves que alguien está en paz con su vida y que ha comenzado este **hermoso camino de empoderamiento interior** crees que su vida ha sido un oasis de paz, pero todos enfrentaremos pruebas que nos sacuden y nos estremecen para hacernos despertar.

Hoy entiendo que si me han tocado momentos duros de vida ha sido para despertar, para evolucionar, pero también para entender los dolores, las tristezas, las sinsabores de otros, y compartir con los demás las herramientas que a mí me han servido para tener una vida más consciente en donde me he convertido en causa de mi realidad y **he dejado de ser efecto de los demás**.

Una vida en donde hoy me queda claro que me tocó nacer en una familia en donde no había dinero para que yo aprendiera a ser mi propia fuente de abundancia; una vida en donde mis padres estaban tan ocupados consigo mismos y con mis hermanos para que yo aprendiera a poner límites, evitar el abuso y me convirtiera en mi propia fuente de amor. Una vida con muchos momentos difíciles para que yo despertara y decidiera resignificar mi historia y valorarme más.

Hoy sé que la vida es como una película o una serie en la que cada día hay que escribir un nuevo capítulo.

Y tú puedes decidir sentarte en tu casa y ver pasar la vida, si esa es la opción que tomas, pero sería el equivalente a que yo cuando estoy escribiendo una nueva producción optara por no entregar el capítulo cuando estamos en uno de los **puntos dramáticos más importantes**. ¿Te imaginas que la pantalla se quedara en negro y de repente apareciera un letrero con enormes letras rojas que dijeran: ¡Ay, perdón! De verdad, una disculpa enormeeee, pero Martha no pudo escribir hoy, su creatividad anda de vacaciones y no tenemos la continuidad de la historia? ¿Cómo te pondrías ante esto? Te aseguro que ganas de colgarme sí te darían.

Pero esto es lo que a veces **hacemos con nuestra vida**, la dejamos en pausa y decidimos no escribir el capítulo que se transmitirá en este momento, cuando siempre existe la opción de reescribir nuestra propia historia, sólo que el trabajo para hacerlo requiere de las 3 "D": **Dedicación, Determinación y Disciplina**.

En tanto que **la perfección es sólo de la Luz**, de la fuente de amor cósmico, a nosotros nos toca trabajar nuestras imperfecciones e ir puliendo una a una hasta descubrir el maravilloso diamante que está dentro de nosotros porque **es mentira que estemos mal, que estemos defectuosos**, que estemos inacabados. En nosotros está todo el potencial, están todas las posibilidades y tú como tu propio alquimista eres el único que puede al verla **trasmutar su sombra en luz** y hacer el milagro de la transformación.

Así que si quieres hacerlo lo primero para reescribir tu historia es tomar acción. Aquí como resumen están las cinco herramientas más importantes para hacerlo:

1. Detecta tus creencias limitantes y **cuáles son las voces que te habitan** y conviértelas en voces y creencias empoderadoras.

2. Analiza en que áreas de tu vida **eres reactivo y necesitas corrección**, para convertirte en causa y tomar el camino de la proactividad.

3. Observa **con qué ideas, creencias, juicios, imágenes, personas, situaciones alimentas tu mente** y redirige tu atención a aquellas que te lleven a una frecuencia vibratoria más alta.

4. Detecta cuando tu ego se haga presente a través de las emociones de baja frecuencia, obsérvalo y debilítalo cambiando tu pensamiento.

5. Asume tu poder personal, tu capacidad de generar el cambio consciente.

Porque una vez que lo hagas te aseguro que serás otra persona, **serás una mejor versión de ti mismo**.

QUIERO COMPARTIR CONTIGO ESTE TEXTO

LA ELIMINACIÓN DE OBSTÁCULOS PARA LA FELICIDAD Y LA ALEGRÍA

Brian Weiss en *Los mensajes de los sabios*

Todos hemos sido creados a imagen y semejanza de Dios, y Dios está dentro de todos. Nuestra naturaleza básica subyacente se basa en el amor, la paz, el equilibrio y la armonía. Nuestra esencia innata es compasiva, cariñosa y buena. Somos almas.

En el transcurso de nuestras vidas va acumulándose un revestimiento de miedo, rabia, envidia, tristeza, inseguridad y muchos otros sentimientos negativos que tapa nuestra hermosa naturaleza interior. Esa envoltura se intensifica y se refuerza debido a la educación y a las experiencias de nuestra niñez en la vida actual. Parecemos lo que no somos: personas furiosas y temerosas, llenas de sentimiento de culpa e inseguridad. Nos hemos olvidado de quiénes somos en realidad.

No nos hace falta aprender qué son el amor y el equilibrio, la paz y la compasión, el perdón y la fe. Los conocemos desde siempre. Nuestra tarea es, por el contrario, olvidar esas emociones y actitudes negativas y dañinas que asolan nuestras vidas y nos producen tanto sufrimiento a nosotros, a nuestras comunidades y a nuestro mundo. Al ir deshaciéndonos de esos rasgos negativos, quién lo iba a decir, redescubrimos nuestra auténtica naturaleza, nuestro yo positivo y amoroso. Siempre ha estado ahí, pero tapado, oscurecido y olvidado.

Cuando retiramos las capas exteriores de residuos e inmundicia, las ideas y las emociones negativas, cuando limpiamos y pulimos el revestimiento exterior, podemos vislumbrar de nuevo los auténticos diamantes que en realidad somos. Somos almas inmortales y divinas y estamos recorriendo un camino. En el fondo, siempre hemos sido diamantes.

Deshacerse del miedo, la rabia y demás emociones negativas es importante, no sólo para el bienestar espiritual sino también para una buena salud física. Actualmente está muy extendida la idea de que el estrés mental (que comprende las emociones negativas, como el miedo, la rabia, la ansiedad crónica y la depresión) es una de las principales causas de enfermedad y muerte en el mundo. El cuerpo está íntimamente ligado a la mente, por lo que los estados de ánimo y las emociones se traducen fácilmente en síntomas físicos. El amor puede curar; el estrés puede matar.

EN RESUMEN

- Existen **siete llaves** para abrazarnos, aceptarnos y valorarnos tal como somos: aceptación, no juicio, flexibilidad, brecha ¿cuáles son tus verdaderos deseos?, hallar el alto significado, apostarle al amor y encontrar los para qués y por último activar la alquimia.
- **Acepta** quién eres. Deja de victimizarte. Pon **límites**.
- Revisa tus **creencias limitantes**. ¿En dónde estás hoy y a dónde quieres llegar mañana en **cada área de tu vida**? Iniciar el proceso de cambio depende sólo de ti.
- Haz un alto en el camino y cuestiónate qué es lo importante para ti.
- **Reescribir nuestra historia** requiere de **las 3D**: Dedicación, Determinación y Disciplina.

TERCER CAPÍTULO

Propósito de vida

Convertirnos en la mejor versión de nosotros mismos requiere **un trabajo de consciencia diario**. Es importante autoobservarnos para que, en el momento que sintamos que nuestra energía vital baja, que **nuestras emociones y pensamientos negativos nos consumen**, podamos hacer una pausa y redireccionemos nuestro ser al camino de **nuestra verdadera esencia**, al de la luz divina que nos habita.

Porque todos estamos destinados a ser **canales de amor y abundancia**, pero si la conexión que necesitamos con la Luz está bloqueada por el ego y por las emociones y los pensamientos de baja frencuencia es imposible hacerlo. Por eso, **es vital mantenernos en la vibración alta**, ya que ésta nos conecta con la mejor versión de nosotros mismos y con la plenitud, el amor y la felicidad.

Cuando estamos conectados a la mejor versión de nosotros mismos ocurre algo muy bello y poderoso, podemos

ver y reconocer la mejor versión de los otros, aún cuando éstos no lo hayan descubierto. Ahora **tenemos nuevos lentes con los que vemos la vida y están hechos de amor incondicional**, de compasión, de entendimiento, de no juicio.

Y cuando esto ocurre:

• Surge en nosotros el **deseo de trascender** más allá de nuestro mundo interno y del que nos rodea.

• Surge el **deseo de manifestar** nuestro mayor potencial.

• Surge el **deseo de compartir** y dejar huella.

• Surge el **deseo de inspirar** a otros para su propio despertar.

El primer paso es amarte a ti,
pero el segundo es amar a los demás.

Todos estamos destinados a ser **canales de amor y abundancia** y quizá has tenido este tipo de experiencias sin darte cuenta. No te ha pasado que de repente dices algo y el otro se queda impactado porque es **justo lo que necesitaba oír.** ¿O alguien llega y dice o hace algo que es como si de "allá arriba" hubieran mandado a un ángel que te resolviera un problema?

Todos somos mensajeros de todos.

Estas experiencias "mágicas" son momentos en que nos convertimos en **canales para trasmitir un mensaje a otros** y luego otros se convierten en canales para transmitirnos un mensaje. Todos **estamos interconectados**, por eso se dice que si alguien sana un área de su vida, sanamos todos.

Esto implica un gran regalo y también una gran responsablidad. Ahora sí que es "por mí y todos mis compañeros", sólo que mis compañeros en este planeta son más de 7550 millones de personas. **¿Te imaginas un mundo en el que todos procuraramos el bienestar propio y del otro?**

Como ya vimos, yo sólo puedo hacer cambios en mi persona, no en el otro. Pero somos como esa piedra que lanzas a un lago y al caer provoca ondas a su alrededor. **Cuando tú cambias, tus ondas de bienestar se expanden** e impactan al mundo.

Estar consciente de esto nos lleva a descubrir que la vida nos fue dada para hacernos evolucionar, pero también para tener un propósito, una misión más allá de nosotros mismos: se trata de devolverle al universo parte de lo que nos fue dado. Pero, ¿cómo podemos hacerlo? Compartiendo lo que nosotros somos, lo que nos mueve y **los procesos de sanación por los que hemos transitado.**

Como vimos en la llave del alquimista, **la gran mayoría de nosotros evoluciona después de transitar una crisis**, un momento de dolor, una noche oscura del alma. Al enfrentar este punto de quiebre utilizamos las herramientas físicas, emocionales, mentales y espirituales que tenemos en ese momento y si vivimos el proceso con consciencia, al salir de él, estaremos en un mejor lugar interno y externo que antes de la crisis. Esas herramientas que nosotros utilizamos son de beneficio para otros y por ello la importancia de compartirlas, de dejar huella en los demás con lo aprendido, porque el conocimiento que el alma va adquiriendo con este tipo de experiencias es un gran tesoro.

Como dicen los kabbalistas: **la mayor cantidad de luz se genera de la oscuridad**.

De **las noches oscuras del alma es de donde más se aprende** y más posibilidad de evolución tenemos si somos capaces de abstraer la esencia del "para qué" de lo vivido.

Por ello todos somos muy importantes, porque **sin la presencia de alguno de nosotros, el mundo no sería igual**. Somos como un rompecabezas, si falta una pieza ya no puede ser completado. Y a pesar de los miles de millones de personas que somos en el mundo, son justo nuestras imperfecciones las que nos hacen diferentes y únicos, y las que nos llevan a vivir diferentes experiencias que podemos aportar a los demás, ¿no te parece increíble?

Además de compartir con los otros las herramientas que utilizamos para sobrellevar una crisis, un giro de 180° en nuestra vida, también debemos compartir el talento o don que nos fue dado como regalo al nacer.

Todos tenemos la enorme capacidad de impactar a los demás con lo que hacemos, con lo que decimos, con lo que somos de manera única.

Nuestra esencia es ser un canal,
por eso recibimos de la LUZ para poder DAR.

¡Vamos a netear!

Hazte una pregunta desde el fondo de tu corazón:

· ¿Qué huella te gustaría dejar en el mundo?

Porque **el verdadero deseo del alma**, el más sublime, no es el de tener más para sí misma, sino para poder **compartir con los demás**, como afirman los kabbalistas.

Por tanto, ¿qué te gustaría que dijera **el epitafio de tu tumba**? La mayoría de nosotros contestaríamos: "Una mujer que supo vivir la vida", "Un hombre que amó a los suyos", "Un ser extraordinario que gozó al máximo", "Un gran amigo", "Un amante del buen vivir", etcétera.

Y no es que estén mal estos epitafios, pero esto es pensar en pequeño cuando tenemos todo un potencial por descubrir y vivir. Imagina que en tu tumba dijera: "Una persona que **terminó con la pobreza de su comunidad**", "Una mujer que dedicó su vida al **despertar de la consciencia**", "Un hombre que ayudó al mundo a **evitar la injusticia**".

¡Te das cuenta de la diferencia!... Todos tenemos la capacidad de hacer algo más grande que nosotros mismos **si nos damos a la tarea de ver más allá de nosotros**, más allá del horizonte conocido.

Y ya sé que me podrías decir: ¿Martha **apenas puedo con mi vida** y tú quieres que le aporte algo a la del vecino? Y mi respuesta es sí. Se ha comprobado que **la gente en depresión está tan ensimismada** y en el fondo tan enojada porque la vida no es como desearía que fuera, que pierde el sentido de su existencia, pero cuando pone su atención en ayudar a otro comienza a salir del encierro autoimpuesto y a sanar. Si tú, en medio de tu caos, **decides compartir y ayudar a alguien más**, **dejarás de pensar en tus problemas** al menos mientras lo haces, porque estarás ayudando a otro y realizando una actividad mucho más allá de ti. Estás **saliendo de ti** para ponerte al servicio de otro.

¡Vamos a netear!

Contesta las siguientes preguntas:

· *¿Cuál quiero que sea mi **legado**?*

· *¿Cuando yo deje de existir **qué huella dejaré** en el mundo?*

Preguntarnos cuál será nuestro legado nos hace **girar, volar y conectarnos con todo nuestro potencial**, con la mejor versión de nosotros mismos, asi que date tiempo para contestar.

¿Te imaginas lo hermoso que sería si al morir alguien dijera de ti "Me cae que éste sí dejó mejor el mundo con su presencia"?

Y no necesariamente tienes que hacer la gran obra de arte, componer una sinfonía, hacer un cambio radical en la tecnología o erradicar una enfermedad del planeta... pero **sí tienes que compartir lo que sabes**, lo que eres, tus tesoros con el mundo que te rodea.

Estamos tan ocupados en el día a día, resolviendo los pequeños detalles de la vida que **nos olvidamos del gran panorama**, de la *big picture* y por ello debemos preguntarnos.

Responde estas preguntas de manera sincera, sin falsa modestia. Nos han enseñado que reconocer nuestros talentos puede ser egocéntrico, pero **si no validamos quiénes somos y lo bueno que tenemos** para compartir, ¿cómo podemos ponerlos al servicio de los demás?

Ahora, no se trata de responder desde el imaginario, sino desde lo real, desde los hechos, porque son éstos los que demuestran cuáles son tus dones y tus talentos.

¡Vamos a netear!

· ¿En qué **soy bueno** y amo hacer?

· ¿Qué me **apasiona**?

· ¿Cuál es mi **don**?

Todos tenemos una habilidad o don, algo que se nos da de manera fácil y que sentimos tanto placer al hacerlo que **lo haríamos aun sin cobrar**. Cuando hay gozo al realizar una tarea tu don fluye de manera natural, e incluso, el trabajo deja de ser trabajo y se convierte en una actividad placentera.

En mi caso, por ejemplo, cuando estoy escribiendo una telenovela, una serie o un libro, disfruto tanto hacerlo que puedo pasarme horas frente a la computadora sin importar si es día o noche, porque en verdad **gozo entrar en el mundo de las letras y desde ahí crear mundos imaginarios** y compartir lo que soy y lo que sé.

Yo no sabía, ni jamás pensé que iba a ser escritora y mucho menos que iba a vivir de serlo. Un día vi un anuncio que decía: "Convocatoria para escritores para Plaza Sésamo" y sentí un vuelco en el corazón. Leí los requisitos, me senté a escribir un guion y lo entregué. **No tenía ninguna expectativa del resultado, ni miedo a exponerme, lo hice disfrutando el proceso** y poniendo lo mejor de mí. Y cuando me aceptaron casi me da un infarto de la emoción. Sin duda, fue una experiencia maravillosa contribuir con mis guiones a la educación de los niños en todos los países de habla hispana en los que se trasmitía este programa, fue mágico. Ahí me di cuenta de que **escribir es mi pasión** y tengo el don porque es algo que surge de manera natural, y gozo tanto al hacerlo que aun si no me pagaran por ello seguiría siendo escritora.

Cuando escribí mi primer libro *Ni santa ni golfa* estaba atravesando por un **proceso emocional muy difícil**, había perdido el trabajo, me traicionó un amigo y rompí con una relación amorosa, **escribir esa novela fue la salida a mi propio proceso**, pero con el tiempo esa historia tocó la vida de muchas mujeres que se reconocían en la protagonista y ahí me quedó claro que tenía que seguir creyendo en mí y compartiendo lo que yo llamo "mis locuras", como lo es ahora también este libro, porque al compartir, al exponerte, al mostrar tu interior, al ponerte en servicio siempre habrá **un alma que resuene y vibre contigo**.

Mi mamá, por ejemplo, hacia una cochinita pibil que te morías y unos panes de muerto y rosca de reyes deliciosos, su don estaba en la cocina, por supuesto que mucha gente le pidió sus receta y ella sin el mayor reparo la compartía a la perfección y aún ahora que ya no está en este plano, **hay personas que la siguen recordando por el talento que tenía al cocinar** y por ser generosa al compartir su conocimiento, porque hasta la fecha sus recetas siguen pasando de persona en persona. Esa fue su manera de compartir su don y es tan valioso como el mío que es escribir. Seguro que en su lápida podría decir **"Una mujer que contribuyó al placer de los demás"**.

Como puedes darte cuenta, aparentemente, algo sencillo puede convertirse en un legado si hacemos las cosas desde el corazón. Cada quien tiene su forma de contribuir al mundo y de manifestarlo, y algo que es muy importate es que **siempre hará falta conocer cuál es tu don**, la contribución que tú y sólo tú puedes hacer a la humanidad.

La clave está en **conectar con nuestro talento**, sin escuchar cuando el ego nos dice que no tenemos nada que aportar, que no tenemos ningún don, o cuando recordamos la voz de alguien que nos dijo que no servíamos para nada. Como ya vimos, quitarle el poder que le hemos dado a estos diálogos internos y creeencias limitantes nos lleva a manifestar **nuestra verdadera esencia**.

¡Vamos a netear!

Explora:

• ¿A qué le tienes que decir "sí" para **atreverte** a ser tú?

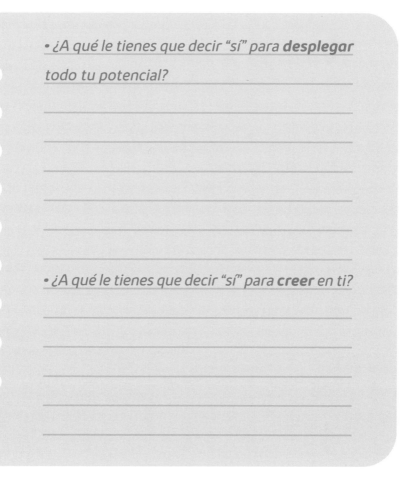

• ¿A qué le tienes que decir "sí" para **desplegar** todo tu potencial?

• ¿A qué le tienes que decir "sí" para **creer** en ti?

Aunque la **inseguridad** y el **miedo** nos quieran detener debemos seguir adelante, confiar en nuestra voz y fuerza interior.

El deseo de dejar huella en el mundo implica ir más allá de la lógica, implica salirnos de la zona de confort, implica **tener las ganas de construir algo** y de tener el deseo de compartirlo, por ello es importante que identifiques:

¡Vamos a netear!

• *¿Qué es eso que amas tanto hacer que podrías enseñar a otros?*

_____

_____

_____

_____

_____

_____

• *¿Qué es eso que amas tanto hacer que podrías hacerlo sin que te pagaran?*

_____

_____

_____

_____

_____

_____

_____

Encontrar tus habilidades, tu don, tu unicidad te hará sentirte útil y valioso, y **compartirlo con los demás te llenará de gozo**.

Tal vez otros puedan hacer algo de lo que tú haces, pero nadie puede hacerlo como tú. Escritores hay miles y extraordinarios más, pero nadie escribe como yo, ni yo escribo como ninguno de ellos. Todos somos únicos, **todos tenemos una forma especial de hacer las cosas** y siempre faltará en el mundo la visión y la semilla de cada uno de nosotros.

¿Te imaginas este universo sin que Jesús, Buda, Miguel Angel, Leonardo Da Vinci, Ludwing Van Beethoven, William Shakespeare, Steve Jobs, Los Beatles, Yayoi Kusama, Anthony Robbins, Alfonso Cuarón... y muchos más no hubieran compartido su talento? Y los menciono a ellos porque son personas que se atrevieron a compartir en grande, y a tocar vidas a nivel masivo, inspirando a los demás al demostrar que los sueños se trabajan. Estoy segura de que muchas veces tuvieron dudas, que **se cayeron varias veces en el intento**, **pero no claudicaron** y hoy el mundo es mejor por la semilla que ellos pusieron. Al menos los aquí mencionados y muchos más, sí cambiaron mi vida al regalarme nuevas posibilidades de comprender y **disfrutar el mundo**.

Habrá quien comparta su legado con una sola persona o con un grupo más pequeño. Eso no importa,

lo relevante es dejar lo mejor de nosotros a alguien más. Es trascender a partir de quienes somos, no por lo que tenemos.

Darnos cuenta de esto es **un gran regalo y una gran responsabilidad**, tocamos constantemente la vida de otras personas sin darnos cuenta, pero hoy que estamos conscientes de ello, hagámoslo desde la mejor versión de nosotros mismos con la intención de generar luz y bienestar en los demás.

Así que no tenemos que esperar hasta que ya no estemos en este plano para hacerlo. No tenemos que esperar hasta que haya que poner un epitafio en nuestra tumba, la reflexión que hicimos sólo fue un ejercicio, porque el tiempo para encontrar nuestro diferenciador y nuestra manera de contribuir al mundo es justo a partir de este instante. **Aquí y ahora.**

Por ello es importante que te preguntes: **¿cuál es tu marca personal?**, ¿cuál es tu huella única? Porque así como en el mercado existen miles de productos y ninguno puede ser igual a otro, así como ningún ser humano tiene huellas dactilares iguales, de la misma manera **tu aportación al mundo**, tu legado no tiene igual, es único.

Créeme que uno de los estados más poderosos en el que podemos entrar es en el "Yo soy yo, yo sí puedo". Así que te pregunto: ¿ya estás ahí?, ¿ya lograste ver qué te hace distinto al resto?, ¿ya descubriste cuáles son tus posibilidades y oportunidades de acción? Si es así, ¡felicidades! Ya que **asumiste tu diferenciador** comienza a actuar en consecuencia y **a disfrutar del placer de hacer de este planeta un mejor lugar** con tu presencia.

Si aún no logras encontrar tu camino hacia la trascendencia estás muy a tiempo de hacerlo. **Busca tus talentos, tus dones y el lugar** que por derecho divino ocupas en este universo haciendo uso de estas preguntas.

¡Vamos a netear!

• *¿Cómo serías si te permitieras ser tan grande como tus sueños?*

• *¿Qué harías distinto si pudieras construir un mejor lugar para ti y para los que amas?*

• *¿Qué no has intentado, que de hacerlo, lograrías llegar a un nivel superior?*

• *¿Qué es eso altamente significativo que quisieras lograr en esta vida?*

• ¿Qué necesitas hacer para lograrlo?

_____
_____
_____
_____
_____
_____

• ¿Cómo te sentirías y qué pasaría si asumes tu don?

_____
_____
_____
_____
_____

• ¿Qué permiso necesitas darte para hacerlo?

_____
_____
_____
_____
_____

Te aseguro que si decides explorar **en ti vas a encontrar las respuestas a cada una de estas preguntas** e irás descubriendo tu propósito de vida, porque el mundo y todos los que vivimos en él, te estamos esperando. Creéme, vale la pena pasar por este proceso hasta poder decir con el corazón en la mano: "Yo, sí puedo" y "ahí les voy".

Conectar con tu propósito de vida, con la huella que dejarás desde este instante en los demás, te lleva a **conectar con tu mayor potencial** y con tu brillo porque ¿sabes una cosa?

Le haces bien al mundo brillando.

Es mentira que debemos mantenernos en un bajo perfil, al contrario:

Si tú brillas, brillan las personas
y el mundo que te rodea.

Le haces bien al mundo **compartiendo tu mirada**, tu talento, tus dones, dejando tu huella, inspirando a otros...

Le haces bien al mundo **conectando con tu propia luz**, porque aquí de lo se trata es de...

Dar más vida a la vida.

QUIERO COMPARTIR CONTIGO ESTE TEXTO

Prólogo

Dalai Lama en *Alquimia emocional*
de Tara Bennett-Goleman

Todos deseamos ser felices, nadie quiere sufrir. Dado que el propósito fundamental de la vida es ser felices, lo importante es descubrir qué nos causará la mayor felicidad. Que nuestra experiencia resulte agradable o desdichada es una cuestión mental o física. Por lo general, es la mente la que ejerce la mayor influencia en casi todos nosotros. Por eso, vale la pena tratar de alcanzar la paz mental.

Aunque el progreso material es importante para el progreso humano, si prestamos demasiada atención a las cosas externas y damos poca importancia al desarrollo interior, ese desequilibrio nos causará problemas. La clave está en la paz interior: si la alcanzamos, seremos capaces de enfrentar las situaciones con calma y madurez. Sin paz interior podemos seguir preocupados, perturbados o disconformes con las circunstancias, al margen de lo cómoda que sea nuestra existencia en el aspecto material.

Cuando tenemos paz interior podemos estar en paz con quienes nos rodean. Cuando nuestra comunidad se encuentra en paz puede compartir ese estado con las comunidades vecinas. Cuando sentimos amor y amistad por los demás, logramos que se sientan amados y cuidados, y eso nos ayuda también a nosotros a desarrollar la felicidad y la paz interiores.

Como budista, he aprendido que lo que más afecta a nuestra paz interior es lo que llamamos emociones perturbadoras. Todos esos pensamientos, emociones y sucesos mentales que reflejan un estado mental negativo o poco comprensivo inevitablemente socavan nuestra experiencia de la paz interior. Las emociones o pensamientos negativos, como el odio, la ira, el orgullo, la lujuria, la codicia o la envidia tienen un efecto perturbador en nuestro equilibrio interior. También tienen un efecto agotador en nuestra salud física.

EPÍLOGO

Perdemos demasiado tiempo quejándonos, entristeciéndonos, enojándonos, **dándole más importancia a lo que otros dicen**, teniendo miedo de lo que no podemos controlar, tomando como válidas las creencias de otros y haciéndolas nuestras, perdiendo nuestro amor propio, nuestro poder personal y desconectándonos de la vida...

- Es momento de hacer un **alto**.
- Es momento de **revisar nuestra existencia** y de diseñar nuestra nueva vida.
- Es momento de **salirnos del caos interno y externo** y convertirnos en la mejor versión de nosotros mismos.
- Es momento de amarnos, de **aceptarnos**, ¡de ser!

- Es momento de **relacionarnos**: desde mi luz a tu luz y desde tu luz a mi luz.
- Es momento de **asumir** todas nuestras **imperfecciones** y de aceptarlas.
- Es momento de que **conectemos** con el placer de vivir.
- Es momento de **asumir** que somos alquimistas de la luz.
- Es momento de **hacer un mundo mejor** con nuestra presencia.

Porque más allá de como esté el mundo, más allá del posible caos externo, el reto está en **mantenernos en una vibración alta**, retomar lo que sí podemos controlar y a partir de ello resignificar nuestras experiencias... reescribir nuestra historia... que este mundo está para vivirse... pero también para dejar huella y con nuestra presencia construir un mejor lugar.

No te preocupes por el tiempo que llevará este proceso, ni esperes a estar totalmente seguro de que estás cien por ciento listo, porque **eso no ocurrirá**, el camino del despertar de la consciencia es un camino diario, de estarte cachando, de ir subiendo escalón por escalón, porque cada vez que puedes ver parte de tu sombra es **una nueva conquista por hacer**.

No hay ser humano perfecto ni acabado.

Todos estamos en proceso,

porque la perfección humana no existe.

Así que en ti está la decisión.

Conviértete en el escritor de tu propia vida y

sé el protagonista de tu historia.

Hoy sé que **mi principal guion es el mío**, que la protagonista más importante soy yo, porque en el camino he encontrado **dos palabras que cambiaron mi existir** y que son mágicas. Son como el "salacadula chalchicomula, bíbidi bábidi bu" del hada madrina de la *Cenicienta*, y lo mejor es que además son de acción inmediata. Y estas palabras son:

YO ELIJO

Hoy...

• Yo elijo ver mi sombra para que se haga el milagro.

• Yo elijo aceptar mi realidad, aunque duela para obtener el mayor aprendizaje de cada experiencia.

• Yo elijo cuidar mi frecuencia vibratoria más allá del caos externo.

• Yo elijo amarme porque cuando nos amamos a nosotros mismos nos conectamos con nuestro poder interior y con el placer de vivir.

• Yo elijo ser causa y no efecto de mi propia vida.

• Yo elijo usar mi unicidad para dejar huella en el mundo.

• Yo elijo ser mi propio alquimista.

Porque ya no necesito ser **perfecta** ante mí ni ante los demás, porque hoy me acepto y me amo tal y como soy, porque hoy soy **imperfectamente feliz.**

Y si yo pude **reescribir** mi vida...
Estoy segura de que **tú también puedes**.

EN RESUMEN

• ¿Cuál es tu **propósito en la vida**?

• Todos estamos destinados a ser **canales de amor y abundancia**.

• **Conecta** con tu **talento**.

• Descubre **cuál es tu marca personal**. **¿Qué huella dejarás en el mundo?**

QUIERO DEJARTE ALGO MÁS...

DIBUJA PARA RELAJARTE

Una manera de aquietar la mente, salir del caos de pensamiento y el estrés es hacer o iluminar mandalas. Date tiempo de relajarte, de olvidarte del mundo que te rodea y de entregarte a esta experiencia lúdica utilizando los colores que más te atraigan en este momento. Los mandalas te ayudan a conectarte con la creatividad, la intuición, la sensibilidad.

"Aprender es siempre un **regalo**, incluso cuando el dolor sea el maestro".

Buda

"Si tiene remedio, ¿por qué te quejas? Si no tiene remedio, ¿por qué te quejas?".

Proverbio oriental

"El amor es **la lección** más importante".

Brian Weiss

"Deja lo superfluo, lleva contigo sólo lo esencial. Tu corazón, tu espíritu y tu cuerpo son suficientes".

Lucas Estrella

"Debe haber algo extrañamente **sagrado** en la sal: está en nuestras **lágrimas** y en el mar".

Khalil Gibran

"La vida es como una bicicleta. Para mantener el equilibrio tienes que seguir adelante".

Albert Einstein

"Elige **un trabajo que te guste** y no tendrás que trabajar ni un día de tu vida".

Confucio

"Existe un vínculo profundo y misterioso entre **renunciar al ego** y el descubrimiento de los placeres sensuales".

Ken Mogi

"No hay deber que descuidemos tanto como el **deber de ser felices**".

Robert Louis Stevenson

"La vida cobra su sentido precisamente en el proceso de afrontar y resolver problemas".

M. Scott Peck

"Uno sólo se libera de sus **fantasmas internos** si puede encararlos".

Sri Prem Baba

"Das poco cuando das tus posesiones. Es **cuando das de ti** mismo cuando realmente das".

Khalil Gibran

AGRADECIMIENTOS

Mi proceso al escribir un libro es curioso. El libro está en **modo semilla**, se va cultivando dentro de mí y durante este tiempo llegan a mi vida experiencias, vivencias y gente que viene a nutrir esa semilla, a contribuir con el proceso de germinación, hasta que un día el libro "baja" solo e inicia la cosecha. Yo simplemente me convierto en un canal y el libro prácticamente se escribe letra por letra. Así ha ocurrido con mis seis libros anteriores, tanto las novelas como los libros de desarrollo humano y así sucedió con ésta mi séptima publicación.

Bien dicen que los cuatro tiempos de la creación son: **sembrar, cultivar, cosechar y disfrutar**, y hoy que ya nos encontramos en el momento de la manifestación y del gozo quiero agradecer la presencia de siete personas significativas por el conocimiento compartido y por la amistad que se fue dando durante este tiempo.

A Margarita Cobo por su sabiduría infinita, su **generosidad** al compartirla y por su entrañable mundo interior.

A Shimon Sarfati quien desde el primer segundo tocó mi vida al convertirse en mi primer guia kabbalista, y que hoy, que **ya ha trascendido**, sigue haciéndolo con su luz.

A Yigal Kutnovsky, mi maestro de kabbalah, quien ahora me acompaña en el camino de la vida con sus palabras y **su gran corazón**.

A Rivka Kutnovsky experta en el **propósito de la vida**, que compartió conmigo la importancia de dejar huella en el mundo.

A Paty Muniveh quien me dio dos regalos. Me hizo consciente de la importancia de las **preguntas poderosas** como *coach* y abrió mi camino como conferencista.

A Tere Bermea con quien me adentré en el *coaching* de vida y en la **marca personal**.

Y a mi querida amiga Ana Mar Orihuela quien desde hace más de diez años me acompaña con **su andar femenino y sensibilidad**, y que fue pieza clave para que este libro encontrara su forma de manifestarse.

Quiero agradecer tambien a todos los mensajeros que han estado en mi vida los años más recientes. Años que no han sido fáciles, sino llenos de cambios, de salir de la zona de confort, de soltar, de redireccionar, de disolver y redefinir de mi ser y por tanto de gran aprendizaje, su presencia ha sido vital.

Y un graciasssss infinitas a Dios, a la Luz divina, por darme la vida y la bendición de poder a través de las letras conectar con otros.

De manera muy especial quiero agradecer a mi director literario David García Escamilla por abrirme las puertas de Penguin Random House, **por creer en mí** y en todas mis locuras desde el primer segundo en el que coincidimos y también a mi editora Soraya Bello, por la aventura compartida en esta edición y por su acompañamiento y creatividad en esta publicación.

Desde luego, quiero agradecerte a ti porque al leer este libro **estamos compartiendo un mismo universo** y trabajando juntos para convertirnos en una mejor versión de nosotros mismos.

Ponte en contacto, establece diálogo abierto o comparte una sesión de *coaching*, conferencia o taller conmigo, **seguir juntos en este camino del despertar** de la consciencia sería genial.

Mis redes:

TWITTER: @marthacarrillo

INSTAGRAM:@marthacarrillop

PÁGINA: marthacarrillo.com.mx

Martha Carrillo

Imperfectamente feliz de Martha Carrillo
se terminó de imprimir en el mes de agosto de 2019
en los talleres de Diversidad Gráfica S.A. de C.V.
Privada de Av. 11 #4-5 Col. El Vergel, Iztapalapa,
C.P. 09880, Ciudad de México.